सक्रिय ध्यान के रहस्य

(ओशो प्रवचनों पर आधारित)

परिकल्पना एवम् संकलन

स्वामी आनन्द सत्याथी

डायमंड बुक्स

प्रकाशक : डायमंड पॉकेट बुक्स (प्रा.) लि.
X-30, ओखला इंडस्ट्रियल एरिया, फेज-II
नई दिल्ली-110020
फोन : 011-40712200
ई-मेल : wecare@diamondbooks.in
वेबसाइट : www.diamondbooks.in

संस्करण : 2026

SAKRIYA DHYAN KE RAHASYA
By Swami Anand Satyarthi

आमुख

तनाव भरे युग में वरदान : सक्रिय ध्यान

ओशो कहते हैं, "आप अपने गहरे-से-गहरे मित्र के सामने भी अपने मन को नहीं खोल सकते, क्योंकि वह भी तुम्हारे बारे में कहेगा, 'अच्छा तो तुम यही सोचते रहे हो' परिणामस्वरूप तुम्हें उसे भीतर छिपाना पड़ता है।

यानि दमन करना पड़ता है। डिप्रेशन और कुछ नहीं दमन है। दमन बीमारी है। बचपन में हमें दमन करना पड़ता है। किया हुआ दमन कई बीमारियां पैदा करता है।

मन पर तनाव अधिक हो जाता है तो मन तनाव को शरीर पर फेंक देता है और शरीर पर लक्षण प्रगट होते हैं जैसे, होंठ चलते रहने चाहिए बातचीत में या सिगरेट पीने में। जब कुर्सी पर बैठता है तो टांगे हिलाता रहता है। तनाव बढ़ता है तो विभिन्न तनाव जन्य रोग जैसे, नींद न आना, भुलक्कड़पन, हृदयरोग, शुगर, कैंसर, चिड़चिड़ापन, सिर दर्द, चक्कर आना, पीठ दर्द, कंधा दर्द, लकवा इत्यादि प्रगट होते हैं। यह दमन का ही परिणाम है।"

ओशो रचित 'सक्रिय ध्यान' प्रयोग में सबसे पहले हमें दबे हुए, दमन किए हुए भावों से मुक्त होना सिखाया जाता है। दमित भावों से मुक्त होने की प्रक्रिया शुरू करते ही तनाव, क्रोध, बेचैनी व अन्य शारीरिक दर्द बाहर निकलने शुरू हो जाते हैं।

कामना करता हूँ कि आप भी 'सक्रिय ध्यान' को दैनिक जीवनचर्या का अंग बनाकर तनाव व तनाव जन्य रोगों से मुक्त होकर आनंदित जीवन जीने की ओर अग्रसर होंगे।

–स्वामी आनंद सत्याथी

अनुक्रम

सक्रिय ध्यान के रहस्य

ओशो रचित सक्रिय ध्यान अद्‌भुत, शक्तिशाली, तीव्र परिणामकारी तथा पूर्णतः वैज्ञानिक है और सबसे महत्त्वपूर्ण भी। इसका अंदाजा इस बात से लगा सकते हैं कि पूना आश्रम में यह ध्यान सन् 1974 से रोज सुबह अर्थात् नियमित रूप से बुद्धाहाल में किया जा रहा है तथा विश्व भर में फैले ओशो ध्यान केन्द्रों व ध्यान शिविरों में अनिवार्यरूपेण करने की ओशो देशना है। यह ध्यान प्रयोग आज के तनावग्रस्त व अशान्त प्राणियों के लिए विशेष रूप से लाभकारी है। शरीर व मन में दमन व दमित वासनाओं के कारण इकट्ठे हुए तनाव से मुक्त करता है। शरीर व मन की ग्रन्थियों को विसर्जित कर सहजता से ध्यान की दिशा में अग्रसर करता है।

ध्यान विधि : इस ध्यान को प्रातः शौचादि से निर्वृत्त हो, खाली पेट करना है। आधा घण्टा पूर्व चाय का कप या पानी ले सकते हैं। पूरे घण्टे के ध्यान प्रयोग में आंखें बंद रखनी हैं, अच्छा हो कि आंख पर पट्टी बांधें। शरीर पर ढीले वस्त्र हों। मेरुन रोब या चोगा पहनकर ध्यान में सुविधा रहती है। सम्भव हो तो इन वस्त्रों को केवल ध्यान कक्ष में, केवल ध्यान के समय ही पहनें। स्नानादि कर लें तो अच्छा है अन्यथा बिना स्नान के भी कर सकते हैं।

शारीरिक अंगों में विशेषकर कंधे, हाथ शिथिल अवस्था में हों, किसी अंग में तनाव ना लाएं तथा खड़े-खड़े करें।

इस ध्यान प्रयोग में पांच चरण हैं। पहले तीन चरण दस-दस मिनट के तथा चौथा व पांचवां चरण पन्द्रह-पन्द्रह मिनट के हैं।

यह ध्यान प्रयोग संकल्प का प्रयोग है। इसलिए ध्यान से पूर्व "संकल्प करता हूँ, इस ध्यान में पूरी शक्ति लगाऊंगा।" ऐसा तीन बार मन-ही-मन दोहराएं।

हमारे पास जो ऊर्जा है, उस ऊर्जा से हम अपने दैनिक कार्य करते हैं। अंतर्यात्रा पर जाने के लिए, स्वयं के भीतर ऊर्जा जागरण की विधि अपनानी

होगी। ऐसा समझें पानी ऊपर ले जाना हो तो मोटर लगानी पड़ती है, उसी प्रकार से ऊर्जा (कुण्डलिनि) को काम केन्द्र से मुक्त कर ब्रह्मद्वार की ओर ले जाने के लिए अतिरिक्त ऊर्जा जागरण आवश्यक है। ओशो रचित सभी ध्यान प्रयोग ऊर्जा जागरण के ही प्रयोग हैं। जो शरीर व मन पर कई प्रकार से कार्य करते हैं। उनमें सबसे महत्त्वपूर्ण है सक्रिय ध्यान, जिसे डायनिमिक मेडिटेशन भी कहते हैं। प्रत्येक चरण का अपना महत्त्व है। अब प्रत्येक चरण के महत्त्व का वर्णन करेंगे।

(यह ध्यान प्रयोग विशेष संगीत के साथ करना है जिसकी सी.डी. उपलब्ध है।)

सक्रिय ध्यान विधि :

'सक्रिय-ध्यान' एक विरोधाभास है। 'सक्रिय' का अर्थ है : प्रयास, बहुत प्रयास, पूर्ण प्रयास और ध्यान का अर्थ है : मौन, प्रयासशून्यता, अक्रिया। तुम इस ध्यान-विधि को द्वन्दात्मक-विधि कह सकते हो।

प्रथम चरण : दस मिनट

नाक द्वारा तेजी से श्वास भीतर लें और बाहर छोड़ें। श्वास भीतर लेने और बाहर छोड़ने, दोनों पर जोर लगाएं और उन्हें अराजक बना रहने दें। श्वास फेफड़ों की गहराई तक जानी चाहिए। श्वास लेने और छोड़ने में तेजी लाएं, लेकिन ध्यान रखें कि श्वास गहरी बनी रहे। इसे यथाशक्ति अपनी अधिकतम समग्रता से करें व बिना अपने शरीर को तनावपूर्ण बनाए और पक्का कर लें कि तुम्हारे कंधे और गला शिथिल अवस्था में है। श्वास जारी रखें जब तक आप श्वास-ही-श्वास न हो जाएं, श्वास को अराजक और अस्त-व्यस्त बना रहने दें अर्थात् श्वास न लयबद्ध हो और न ही किसी पूर्वनिर्धारित नियम पर आधारित हो। एक बार तुम्हारी ऊर्जा प्रवाहमान हो जाए फिर वह शरीर को भी एक गति देने लगेगी। इन शारीरिक गतियों को होने दें, इन्हें और अधिक ऊर्जा निर्मित करने में सहायक होने दें। अपने हाथों और शरीर को प्राकृतिक रूप से गति करने दें ताकि वे ऊर्जा के उठने में सहयोगी बन सकें। ऊर्जा को बढ़ता हुआ अनुभव करें। पहले चरण में अपने को ढीला मत छोड़ें और अभ्यास को जरा भी धीमा न होने दें।

दूसरा चरण : दस मिनट

अपने शरीर का अनुगमन करें। अपने शरीर को स्वतंत्रता दें ताकि वह जो

कुछ चाहे अभिव्यक्त कर सके...विस्फोट हो जाए...अपने शरीर को आविष्ट हो जाने दें। जो कुछ भी भीतर से बाहर फेंकना हो, उसके प्रति शिथिल हो जाएं। पूरी तरह से पागल हो जाएं...गाएं, चीखें, हंसे, चिल्लाएं, रोएं, कूदें, कांपें, नाचें, हाथ-पैर चलाएं और शरीर को सब दिशाओं में गति करने दें। शुरू में थोड़ा-सा अभिनय प्रक्रियाओं को प्रवाह देने में सहायक होता है। जो घटित हो रहा है उसमें अपने मन को दखल डालने न दें। स्मरण रखें कि आप अपने शरीर के साथ समग्रता से गतिमय हैं।

तीसरा चरण : दस मिनट

कंधे और गले को ढीला रखते हुए अपने दोनों हाथ पूरी तरह से तानकर ऊपर उठाएं, कोहनियां लचीली बनी रहें। दोनों हाथ ऊपर उठाए हुए 'हू' मंत्र का जोरों से उच्चारण करते हुए बार-बार ऊपर उछलें, नीचे आएं। 'हू' का उच्चारण अधिकतम गहरा हो और वह आपकी नाभि से उठना चाहिए। हर बार जब आप नीचे आते हैं तब पैर के तलवे और एड़ी को धीमे से जमीन को छूने दें और उसी समय 'हू' की तीव्र ध्वनि को काम-केंद्र पर गहराई से चोट करने दें। इस चरण में अपनी पूरी शक्ति लगाएं, कोई शक्ति पीछे शेष न बचने दें।

चौथा चरण : पंद्रह मिनट

रुक जाएं। जहां भी हैं, जैसे भी हैं बिल्कुल जम जाएं। शरीर को जरा भी व्यवस्थित न करें। जरा-सी खांसी, एक भी गति, कोई भी हलचल ऊर्जा को क्षीण करेगी और अब तक की मेहनत को खराब करेगी। तुम्हें जो भी घटित हो रहा है उसके साक्षी बनो।

पांचवां चरण : पंद्रह मिनट

उत्सव मनाएं। संगीत और नृत्य के साथ अपने अंतस के अहोभाव को बाहर अभिव्यक्त करें। फलित हुई जीवंतता को दिन-भर की अपनी चर्या में फैलने दें।

सक्रिय ध्यान के पहले चरण में तुम अपनी श्वास पर, अपनी प्राण ऊर्जा पर काम कर रहे हो। श्वास ही जीवन है। पहले चरण में तुम अपने जीवन पर काम कर रहे हो। तुम अपने श्वास के ढांचे को तोड़ रहे हो। अराजकतापूर्ण श्वास से तुम अपने व्यवस्थित श्वास लेने के ढंग को नष्ट कर रहे हो और यदि तुम अपने श्वास लेने के ढांचे को नष्ट कर दो तो तुम्हारे शरीर के बाकी सारे ढांचे ढीले पड़ जाएंगे।

मेरे सक्रिय-ध्यान की इस विधि में दूसरा चरण है रेचन का। मैं तुम्हें सचेतन रूप से पागल हो जाने को कहता हूँ। जो भी तुम्हारे मन में आता है जो कुछ भी, उसे स्वयं अभिव्यक्त होने दो, इसमें सहयोग करो। कोई प्रतिरोध नहीं, आवेगों का एक सहज प्रवाह।

यदि तुम चीखना चाहो तो चीखो, उसके साथ सहयोग करो। एक गहरी चीख, एक परिपूर्ण चीख जिसमें तुम्हारा पूरा अस्तित्व आबद्ध हो जाता है। यह बहुत स्वास्थ्यप्रद है, यह गहनरूप से थराप्यूटिक है। अनेक बातें, अनेक बीमारियां मात्र इस समग्र चीख के साथ विसर्जित हो जाएंगी। यदि चीख परिपूर्ण है तो तुम्हारा समग्र अस्तित्व उससे संलग्न हो जाएगा।

तो दस मिनट तक चीखकर, चिल्लाकर, रोकर, हंसकर, नाचकर, उछल-कूद कर, सभी प्रकार की सनक से अपने आपको अभिव्यक्त करें। कुछ दिनों में तुम्हारे अनुभव में आ जाएगा कि यह क्या होता है।

शुरू-शुरू में यह बलपूर्वक, सप्रयास या अभिनय तक भी हो सकता है। हम इतने नकली हो गए हैं कि हमसे कुछ भी प्रामाणिक या वास्तविक होना संभव नहीं है। हम हंसे नहीं हैं, हम रोए नहीं हैं, हम प्रामाणिकता से चीखे भी नहीं हैं। हमारा सब कुछ एक दिखावा, एक मुखौटा मात्र है, इसलिए जब तुम इस विधि का अभ्यास शुरू करते हो तो पहले यह बलपूर्वक ही होगा। प्रयास की जरूरत पड़ सकती है, अभिनय भी हो सकता है, इसकी चिंता न करें व प्रयोग जारी रखें। शीघ्र ही तुम उन स्रोतों का स्पर्श करोगे, जहां तुमने बहुत-सी बातें दमन करके रखी हुई हैं। तुम उन स्रोतों से सम्पर्क करोगे और एक बार वे बाहर निकल जाएं तो तुम निर्भार अनुभव करोगे। एक नया जीवन तुम्हारे अंदर आएगा, एक नया जन्म घटित होगा।

यह निर्भार होना आधारभूत है और उसके बिना आदमी जैसा है, उससे ध्यान नहीं हो सकता। मैं अपवादों की बात नहीं कर रहा हूँ, वे असंगत हैं। इस दूसरे चरण के साथ जब दमित आवेग बाहर फेंक दिए जाते हैं, तुम खाली हो जाते हो और यही अर्थ होता है खाली होने का : समस्त दमनों से खाली हो जाना। इस खालीपन में कुछ किया जा सकता है, रूपांतरण घटित हो सकता है, ध्यान घटित हो सकता है।

फिर तीसरे चरण में मैं 'हू' के उच्चारण का उपयोग करता हूँ। यदि तुम जोर से 'हू' कहो तो यह गहरे में तुम्हारे काम-केंद्र तक जाता है। इस ध्वनि

का उपयोग किया गया है तुम्हारे भीतर चोट करने के लिए। जब तुम जोर से 'हू' कहते हो तो यह गहरे में तुम्हारे काम-केंद्र तक जाता है। जब तुम रिक्त और खाली हो जाओगे, तब यह ध्वनि तुम्हारे भीतर गति कर सकती है।

तीसरे चरण में (दस मिनट के लिए) इस 'हू' का उपयोग करना चाहिए। जितना संभव हो सके उतने ज्यादा जोर से अपनी पूरी शक्ति को इसमें लगाते हुए इस ध्वनि से अपनी ऊर्जा पर चोट करें और जब तुम दूसरे चरण के इस रेचन द्वारा खाली हुए हो, तब वह 'हू' का उच्चारण तुम्हारी गहराई में जाता है और तुम्हारे काम-केंद्र पर चोट करता है और जब काम-केंद्र पर भीतर से चोट पड़ती है तब ऊर्जा भीतर ही प्रवाहित होने लगती है। अभी तो वह बाहर की ओर प्रवाहित हो रही है, तब वह भीतर प्रवाहित होने लगती है। अभी तो वह नीचे की ओर बह रही है, तब वह भीतर ही प्रवाहित होने लगती है। अभी तो वह नीचे की ओर बह रही है, लेकिन तब वह ऊपर की ओर बहने लगती है यह ऊर्जा का ऊर्ध्वगमन ही कुंडलिनी के नाम से जाना जाता है। वास्तव में तुम इसे मेरुदंड में बहता हुआ अनुभव करोगे और जितने ज्यादा ऊंचे ये भीतर बहती है, उतने ही ज्यादा ऊंचे तुम भी साथ-साथ गति करते हो। जब यह ऊर्जा ब्रह्मरंध्र पर पहुंचती है-तुम्हारे अंतिम केंद्र पर यानी सिर के ऊपर स्थित सातवें केंद्र पर तब तुम मनुष्य के संभावित परम शिखर पर हो।

तीसरे चरण में तुम्हारी ऊर्जा को ऊर्ध्वगामी बनाने के लिए मैं 'हू' का एक वाहन की तरह उपयोग करता हूँ।

प्रथम तीन चरण रेचनकारी हैं। वे ध्यान नहीं हैं, लेकिन ध्यान की तैयारी हैं। वे छलांग के लिए 'तैयार होना' हैं, स्वयं छलांग नहीं हैं।

चौथा चरण छलांग है। चौथे चरण में मैं तुम्हें बिल्कुल रुक जाने के लिए कहूंगा। जब मैं कहूं, 'रुक जाओ', तब बिल्कुल स्थिर हो जाओ। बिल्कुल कुछ भी मत करना क्योंकि यदि तुम कुछ भी करते हो तो वह एक विक्षेप हो जाएगा और तुम असली बात ही चूक जाओगे। कुछ भी एक जरा-सी खांसी या छींक और तुम सारी बात चूक जाओगे क्योंकि मन विक्षेपित हो गया होगा। तब ऊर्ध्वगामी प्रवाह रुक जाएगा क्योंकि तुम्हारा ध्यान अन्यत्र बिखर गया।

कुछ भी मत करो। तुम मर न जाओगे, यदि छींक आ भी रही है और तुम दस मिनट के लिए न छींको तो तुम मरोगे नहीं। यदि तुम खांसने जैसा अनुभव करते हो, यदि तुम गले में कोई खराश महसूस करते हो और तुम कुछ भी नहीं

करते तो तुम मर जाने वाले नहीं हो। अपने शरीर को मृतवत बना रहने दें ताकि ऊर्जा ऊर्ध्वगमन कर सके।

ऊर्जा जब ऊर्ध्वगमन करती है, तब तुम ज्यादा और ज्यादा शांत व मौन होने लगते हो। मौन है ऊर्जा के ऊर्ध्वगमन की उप-उत्पत्ति। अब तुम्हारा पूरा शरीर इतना शांत और मौन हो जाएगा, मानो वह विलीन हो गया हो। तुम उसे अनुभव भी न कर पाओगे। तुम देह रहित हो गए हो और जब तुम शांत और मौन होते हो तब पूरा अस्तित्व मौन है क्योंकि अस्तित्व और कुछ नहीं वरन एक दर्पण है, वह तुम्हें प्रतिफलित करता है। हजारों-हजार दर्पणों में वह तुम्हें प्रतिफलित करता है। जब तुम मौन हो तब सारा अस्तित्व मौन हो गया है।

-ओशो

ध्यान दर्शन

पहला चरण

संगीत के साथ नाक द्वारा तेजी से श्वास छोड़ना व लेना शुरू करें। जितनी तेज व गहरी श्वास हो सके छोड़ना व लेना है। दो श्वासों के बीच अन्तराल ना हो। जितनी तेज व गहरी श्वास होगी उतनी ऊर्जा जागृत होगी। श्वास अराजक तेज व गहरी हो इसका ध्यान रखें। आधे-अधूरे मन से नहीं पूरे प्राणों को इस ध्यान में लगाना है। शुरू-शुरू में इतना तेज व अराजक श्वास ना ले पाएं तो चिन्ता न करें, धीरे-धीरे अभ्यास से श्वास तेज व गहरी हो जाएगी। हाथ व शरीर ढीला रखें। जितनी तेज व गहरी श्वास होगी उतने ही फेफड़े जीवंत होंगे, अभी हम पूरे फेफड़ों का उपयोग नहीं करते। फेफड़े जितने अधिक सक्रिय होंगे, उतनी ऑक्सीजन की मात्रा बढ़ेगी, कार्बन-डाईऑक्साइड भी ज्यादा बाहर जाएगी। हृदय सक्रिय होगा, हमारे खून व अन्य अंगों की सफाई होगी। इसलिए इस चरण में पूरी ऊर्जा लगाएं, ऐसी लगानी है कि अपनी तरफ से कोई ऊर्जा न बचे।

अनंत ऊर्जा है हमारे पास, पूरी ऊर्जा लगाएं।

आपका मन कहेगा बस हो गया, उसकी मत मानें और श्वास जारी रखें। एक समय ऐसा आएगा कि आपको लगेगा, थक गए बुरी तरह, कोई ऊर्जा नहीं बची। फिर भी जारी रखना होगा। ऊर्जा तो जग रही है, ऊर्जा को जगाने का सारा काम चल रहा है। हाँ, इन्द्रियां थक रही हैं। इन्द्रियां ऊर्जा नहीं हैं, सिर्फ ऊर्जा के बहने का द्वार हैं। इन्द्रियां थक रही हैं और थकना प्राथमिक रूप से बड़ा सहयोगी है, एक अर्थ में।

कुछ दिन शरीर में थकान महसूस करोगे। क्योंकि शरीर की आदत नहीं होती। धीरे-धीरे शरीर अभ्यस्त हो जाएगा। शुरू में थकान इसलिए भी लगेगी क्योंकि तुम्हारा होना, तुम्हारी पहचान इन इन्द्रियों से है। इन्हीं को तुम

'मैं' समझते हो तो जब इन्द्रियां थकती हैं तो तुम कहते हो, मैं थक गया। इससे तुम्हारी पहचान टूटनी चाहिए। ऐसा मामला है कि तुम्हारा घोड़ा थक गया, तुम घोड़े पर बैठे हो। (तुम शरीर में रहते हो, शरीर तुम्हारा घोड़ा है और तुम उसके सवार। घोड़ा थक गया, अब तुमने कहा हम थक गए। जिस दिन तुम जानोगे कि मैं घोड़ा नहीं हूँ, सवार हूँ। तब तुम मानोगे कि इन्द्रियां थक गईं। उसके बाद तुम्हें एक अज्ञात ऊर्जा घेर लेगी, तब महसूस करोगे कि शरीर श्वास ले रहा है और तुम देख रहे हो। निरन्तर बिना रुके, बिना अन्तराल के दस मिनट तक तेज व गहरी श्वास छोड़ना व लेना है, ऐसे जैसे कि शरीर श्वास लेने का यन्त्र मात्र है। तेज गहरी व अराजक श्वास छोड़ना व लेना, चरण का मूल आधार है। पहला चरण पूरी त्वरा से किया तो दूसरा चरण स्वयं होगा।

तीव्र श्वास की चोट के रहस्य

श्वास मनुष्य के जीवन में सर्वाधिक महत्त्वपूर्ण तत्त्व है। श्वास अर्थात् सेतु के माध्यम से ही आत्मा और शरीर जुड़े हैं। श्वास गई और आदमी गया। यदि कोई व्यक्ति किसी कारण से बेहोश हो जाए, कोमा में चला जाए और श्वास चल रही है तो उसके वापस लौटने की पूरी संभावना है। इसलिए कहते हैं 'जब तक श्वास तब तक आस'। कुण्डलिनी पर गहरी श्वास की चोट के कई परिणाम हैं। प्राणायाम अकारण ही नहीं खोज लिया गया था। बहुत लम्बे प्रयोगों और अनुभवों से ज्ञात होना शुरू हुआ कि श्वास की चोट से बहुत कुछ किया जा सकता है। श्वास की चोट बहुत कुछ कर सकती है और यह चोट जितनी तेजी से होगी उतनी शीघ्र गति होगी। कुण्डलिनी जो कि सोई हुई है उसे सक्रिय करने के लिए, जगाने के लिए गहरी चोट की जरूरत है। सारी ऊर्जा, शक्ति इकट्ठी करके चोट करने की जरूरत है।

आत्मा और शरीर के मिलन का जो बिन्दु है, वही कुण्डलिनी है। उसी बिन्दु पर वह शक्ति है जिसको कुण्डलिनी कहते हैं, नाम कुछ भी दें। सक्रिय ध्यान का पहला चरण है कि दस मिनट तक तेज, गहरी व अराजक श्वास छोड़नी व लेनी है। दो श्वासों के बीच अंतराल न हो। ऊर्जा जागरण के प्रयास में यह एक महत्त्वपूर्ण चरण है। इस चरण को ठीक प्रकार से करने पर काफी परिणाम, अनुभव में आ सकते हैं।

पहला : जब हम तेजी से गहरी व अराजक श्वास छोड़ते व लेते हैं तो शरीर ही नहीं कांपता, भीतर के आत्म-तंतु भी कांप जाते हैं, एक झंझावात पैदा होता है। उस झंझावात के क्षण में एहसास होता है कि शरीर व आत्मा दोनों अलग-अलग हैं। जब हम अराजक श्वास छोड़ व ले रहे होते हैं तो एक क्षण ऐसा आता है जब आप महसूस करते हैं शरीर ही सब कर रहा है। तुम केवल शरीर व श्वास के साक्षी हो। इस क्षण तुम्हारे शरीर में पृथक अहसास होता है, उस समय भय नहीं लेना। शरीर ही श्वास ले रहा है। मैं शरीर व श्वास दोनों का साक्षी हूँ। धीरे-धीरे तुम्हारा यह अनुभव प्रगाढ़ होता जाएगा।

दूसरा : अभी हम पूरे फेफड़ों का उपयोग नहीं करते। जिसको हम पूर्ण स्वस्थ कहते हैं, उसकी श्वास केवल 1000-1500 छिद्रों तक जाती है जबकि फेफड़ों में कम-से-कम छह हजार छिद्र हैं। कोई भी आदमी ऐसा नहीं जिसके पूरे फेफड़ों में ऑक्सीजन जाती है। जब हमारी श्वास अराजक होती है तो फेफड़ों के छिद्र खुलने शुरू हो जाते हैं जिनमें पहले कार्बन-डाईऑक्साइड भरी रहती है। ऑक्सीजन की मात्रा बढ़ने लगती है और कार्बन-डाईऑक्साइड की मात्रा घटने लगती है। जितने ज्यादा छिद्रों में ऑक्सीजन जाएगी, आपके हृदय को ऑक्सीजन मिलेगी, खून शुद्ध रहेगा उतनी ज्यादा जीवंतता महसूस करोगे व स्वस्थ रहने में सहयोगी होगा तथा चेतना का विस्तार होगा। फेफड़ों के बेकार व बंद पड़े छिद्र सक्रिय होंगे। साधारणत: भी आपकी श्वास गहरी होकर पेट तक जाएगी। श्वास लेने के तरीके से हमारे मन की स्थिति बदलती है। क्रोध में, सैक्स में, बुखार के समय श्वास तेज होता है। इन तीनों की किसी भी स्थिति में श्वास धीमी कर सको तो क्रोध कर ही नहीं पाओगे, सैक्स गहरा होगा और बुखार उतर जाएगा।

ओशो देशना

हम सब के बीच में बहुत कुछ सोया हुआ है। वह जाग न जाए तो हमारी अंतर्यात्रा के लिए शक्ति उपलब्ध नहीं होती। जिस शक्ति से हम जीते हैं वह बहुत ऊपरी है। बहुत ऊपरी शक्ति ही, हमारे भीतर जो विश्राम कर रही है, जो सो रही है, जिसे हमने छोड़ रखा है, जिसे छुएंगे भी नहीं, वह हमारे साथ रहेगी और हम मर जाएंगे जैसे किसी आदमी के पास तिजोरी हो और उसने अपने खीसे में दस रुपए रखे हों और उन्हीं को अपनी सम्पत्ति समझकर अपनी

जिन्दगी गंवा दे। भूखा रहे, प्यासा रहे, भीख मांगे और तिजोरी का उसे पता ही न हो जो कि उसकी है।

लेकिन, ऐसे नासमझ आदमी बहुत मुश्किल से खोजने पर मिलेंगे, जिनके पास तिजोरी हो और जिनको पता न हो, किन्तु जहां तक जिन्दगी का सम्बन्ध है, ऐसे नासमझ आदमी ही मिलेंगे खोजने से, वह आदमी मुश्किल से मिलेगा जिसने अपनी जिन्दगी की पूरी सम्पत्ति का उपयोग किया हो।

तो ध्यान की प्रक्रिया का पहला चरण है - हमारे भीतर की पूरी शक्ति को जगाने का। इस शक्ति को जगाने के लिए किसी चोट, किसी हैमरिंग की जरूरत है। हम श्वास का उपयोग करेंगे, दस मिनट के पहले चरण में हम जोर से श्वास लेंगे। हम हथौड़े की तरह उसका उपयोग करेंगे, श्वास की चोट करेंगे। उस चोट के भीतर सोई हुई शक्ति को जगाना शुरू करेंगे।

आपको शायद पता न हो, जब भी आपको शक्ति की जरूरत पड़ती है, आपको होश हो या न हो, उसे श्वास की चोट से जगाया जा सकता है। आपने कभी ख्याल न किया होगा कि यदि बड़ा पत्थर उठाना हो तो अचानक आप गहरी श्वास भीतर लेंगे, फिर पत्थर को उठाएंगे। कभी आपने सोचा न होगा कि गहरी श्वास लेकर भीतर रोक लेने से पत्थर उठाने का क्या सम्बन्ध? गहरी श्वास के बिना उस पत्थर को न उठा सकेंगे। जिन लोगों ने पिरामिड के पत्थर चढ़ाए उनके सम्बन्ध में आज वैज्ञानिक बहुत परेशान हैं कि उस वक्त क्रेन नहीं थी, इतने बड़े पत्थर पिरामिड पर चढ़ाए कैसे गए तो उनको चमत्कार मालूम पड़ता है। इतने बड़े-बड़े पत्थर, इनको सौ-सौ आदमी मिलकर भी नहीं चढ़ा सकते थे, चढ़ाए कैसे गए? उन्हें पता नहीं कि इजिप्त में जिन लोगों ने पिरामिड्स बनाए, उन्हें एक साइंस का पता था, जिसे वे धीरे-धीरे भूल गए। वह थी श्वास की चोट, से भीतर सोई हुई शक्ति को उठा लेने का रहस्य।

आपने राममूर्ति का नाम सुना होगा। वह अपनी छाती पर हाथी को खड़ा कर सकता था। अपनी छाती पर से कार या ट्रक को निकल जाने देता था या खुद चलती हुई कार को पीछे से पकड़ ले तो चक्के घूम सकते थे, लेकिन कार आगे नहीं बढ़ सकती थी। उसका राज यह था कि श्वास की चोट से और श्वास को भीतर रोक कर भीतर की पूरी शक्ति को पुकारने की तरकीब का उसे पता था।

हमारे भीतर जो भी शक्ति सोई पड़ी है, उसे चोट करके जगाना है। दस मिनट का जो पहला चरण ध्यान में हम करेंगे, उसमें इतने जोर से श्वास लेनी

है कि भीतर से गुंजाइश ही न रह जाए कि हम इससे ज्यादा ले सकेंगे। श्वास पर हम पूरी ताकत लगा दें। जब तुम श्वास पर पूरी ताकत लगाओगे तो शरीर हिलने लगेगा, उसे हिलने दें। जितना शरीर डोलेगा उतनी ही आसानी होगी चोट मारने में। सख्त होकर खड़े नहीं हो जाना है। चोट मारनी है और शरीर को डोलने देना है। उस चोट के साथ – शरीर डोलने लगता है।

उस मिनट में, पूरे फेफड़े में जितनी भी वायु है, उसे रूपांतरित कर लेना, उन सबको बदल देना। हमारे फेफड़े में कोई छह हजार छिद्र हैं और मुश्किल से एक या दो हजार में हमारी श्वास पहुंचती है, बाकी चार हजार सदा ही बंद पड़े रहते हैं। उनमें कार्बन-डाईऑक्साइड इकट्ठी होती रही है।

पूरे फेफड़ों के सारे-के-सारे छिद्रों में ऑक्सीजन, प्राणवायु पहुंचा देनी है। जैसे ही प्राणवायु की मात्रा भीतर बढ़ती है, वैसे ही शरीर की विद्युत जागनी शुरू हो जाती है। आप अनुभव करेंगे कि शरीर इलैक्ट्रिफाइड हो गया है। उसमें बिजली दौड़ने लगी, रोआं-रोआं कांपने लगा, शरीर नाचने की स्थिति में आ जाएगा।

पहले चरण के और भी अर्थ हैं, वे भी मैं आपको कह दूं। अगर यह चरण पूरा नहीं किया गया तो दूसरे में प्रवेश नहीं हो सकेगा। वैसे ही जैसे पहली सीढ़ी पर न चढ़ा हो तो दूसरी सीढ़ी पर न चढ़े। पहली सीढ़ी पर पैर रखना जरूरी है, तभी दूसरी सीढ़ी पर चढ़ा जा सकता है।

अगर पहला चरण पूरा हो तो आपका शरीर एक तरह के रजिस्टेन्ट की तरह प्रतिरोध की दीवार खड़ी कर लेता है। उसमें से कोई भी हानिकारक चीज आपके भीतर प्रवेश नहीं पा सकती है और आपके भीतर से कोई भी शक्ति बाहर नहीं की जा सकती। वह दीवार का काम करने लगती है जैसे कि हम अपने घर के चारों तरफ एक बिजली का तार फैला दें और उसमें करन्ट दौड़ रहा हो तो चोर भीतर नहीं घुस सकेगा, क्योंकि तार छुएगा तो मुश्किल में पड़ जाएगा।

ठीक पहले चरण का यही महत्त्वपूर्ण काम है कि वह आपके चारों तरफ विद्युत का वर्तुल बना दे – न तो भीतर से कुछ बाहर जा सके और न बाहर से भीतर कुछ आ सके।

तीसरी बात पहले चरण के सम्बन्ध में यह समझ लेना जरूरी है कि जब आपकी शक्ति भीतर चोट खाकर जागेगी तो आपको बहुत तरह के अनुभव शरीर में होने शुरू हो जाएंगे। वह आपको मैं कह दूं ताकि आपको परेशानी न हो, क्योंकि बीच में पूछने का कोई उपाय नहीं। शरीर में बहुत तरह के अनुभव हो

सकते हैं। अलग-अलग तरह के लोगों को अलग-अलग तरह के अनुभव होंगे। किसी को लगेगा कि शरीर बहुत छोटा हो गया है तो आंख खोलकर देखने का मन होगा। मामला क्या है, मैं खो तो नहीं गया कहीं? लेकिन आंख खोलकर देखना नहीं है। आप अपनी जगह हैं कहीं कुछ नहीं खो गया है।

ये सारी परिस्थितियां उस शरीर में नई शक्ति के जगने से होनी शुरू हो जाएंगी। किसी के शरीर में सांप-बिच्छु रेंगते हुए मालूम पड़ने लगेंगे; किसी को चींटियां चढ़ती मालूम पड़ने लगेंगी; किसी के भीतर से विद्युत की धारा बहती मालूम होगी; किसी को लगेगा कि कोई चीज झरने की तरह ऊपर से नीचे गिर रही है; किसी को मालूम पड़ेगा कि कोई चीज नीचे से ऊपर को चढ़ रही है।

इस तरह के बहुत से अनुभव शरीर में होने शुरू हो जाएंगे और इसके साथ ही शरीर कुछ हरकतें, कुछ गतियां करना चाहेगा।

दस मिनट में शरीर पूरी तरह से चार्ज्ड हो जाता है, शक्ति से भर जाता है, तो दूसरे चरण में शरीर को छोड़ें, वह जो करना चाहे उसे करने दें। दूसरे चरण में शक्ति को खेलने का मौका दें। वह जो शक्ति जगी है, उसको को-ऑपरेट करना, सहयोग करना।

तीव्र श्वास से प्राण-ऊर्जा में वृद्धि

आपने कहा था कि डीप ब्रीदिंग लेने से ऑक्सीजन और कार्बन-डाईऑक्साइड का अनुपात बदल जाता है तो इस अनुपात के बदलने का कुंडलिनी जागरण के साथ कैसे सम्बन्ध है?

बहुत संबंध है। एक तो हमारे भीतर जीवन और मृत्यु दोनों की संभावनाएं हैं। उनमें जो ऑक्सीजन है वह हमारे जीवन की संभावना है और जो कार्बन है वह हमारी मृत्यु की संभावना है। जब ऑक्सीजन क्षीण होते-होते समाप्त हो जाएगी और सिर्फ कार्बन-डाईऑक्साइड रह जाएगी तुम्हारे भीतर, तो तुम लाश हो जाओगे। ऐसे ही जैसे कि हम एक लकड़ी को जलाते हैं। जब तक ऑक्सीजन मिलती है, जलती चली जाती है। आग होती है, जीवन होता है। फिर ऑक्सीजन चुक गई, आग चुक गई, फिर कोयला, कार्बन पड़ा रह जाता है पीछे। वह मरी हुई आग है। वह जो कोयला पड़ा है पीछे, वह मरी हुई आग है।

तो हमारे भीतर दोनों का काम चल रहा है पूरे समय। भीतर हमारे जितनी ज्यादा कार्बन होगी, उतनी ही लिथार्जी होगी, उतनी ही सुस्ती होगी। इसलिए दिन में नींद लेना मुश्किल पड़ता है, रात में आसान पड़ता है, क्योंकि रात में ऑक्सीजन की मात्रा कम हो गई है और कार्बन की मात्रा बढ़ गई है। इसलिए रात में हम सरलता से सो जाते हैं और दिन में सोना इतना सरल नहीं पड़ता, क्योंकि हवा में ऑक्सीजन बहुत मात्रा में है। सूरज के आ जाने के बाद ऑक्सीजन का अनुपात हवा में बदल जाता है। सूरज के हटते ही ऑक्सीजन का अनुपात नीचे गिर जाता है।

इसलिए अंधेरा जो है, रात्रि है, वह प्रतीक बन गया है सुस्ती का, तमस का। सूर्य जो है वह तेजस का प्रतीक बन गया है, क्योंकि उसके साथ ही जीवन आता है। रात में सब कुम्हला जाता है – फूल बंद हो जाते हैं, पत्ते झुक जाते हैं, आदमी सो जाता है – सारी पृथ्वी एक अर्थ में टेम्प्रेरी डेथ में चली जाती है, एक अस्थायी मृत्यु में समा जाती है। सुबह होते ही फिर से फूल खिलने लगते हैं, फिर पत्ते जीवित हो जाते हैं, फिर वृक्ष हिलने लगते, फिर आदमी जगता है, पक्षी गीत गाते हैं – सब तरफ फिर पृथ्वी जागती है, वह जो टेम्प्रेरी डेथ थी, वह जो अस्थायी मृत्यु थी, रात के आठ-दस घंटे की, वह गई, अब जीवन फिर लौट आया है।

तो तुम्हारे भीतर भी ऐसी घटना घटती है कि जब तुम्हारे भीतर ऑक्सीजन की मात्रा तीव्रता से बढ़ती है, तो तुम्हारे भीतर जो सोई हुई शक्तियां हैं वे जगती हैं, क्योंकि सोई हुई शक्तियों को जगने के लिए सदा ही ऑक्सीजन चाहिए – किसी भी तरह की सोई हुई शक्ति को जगाने के लिए। अब एक आदमी मर रहा है, मरने के बिल्कुल करीब है, हम उसकी नाक में ऑक्सीजन का सिलेंडर लगाए हुए हैं। उसे हम दस-बीस घंटे जिंदा रख लेंगे। उसकी मृत्यु हो गई होती दस-बीस घंटे पहले, लेकिन हम उसे दस-बीस घंटे खींच लेंगे। वर्ष, दो वर्ष भी खींच सकते हैं, क्योंकि उसकी बिल्कुल क्षीण होती शक्तियों को भी हम ऑक्सीजन दे रहे हैं, वे सो नहीं पा रहीं। उसकी सब शक्तियां मौत के करीब जा रही हैं, डूब रही हैं, लेकिन फिर भी ऑक्सीजन दिए जा रहे हैं।

तीव्र परिवर्तन से देखना सुगम

तुम्हारे भीतर ऑक्सीजन को बढ़ाने का प्रयोजन है। उससे तुम्हारे भीतर का

संतुलन बदलता है। तुम सोने की तरफ उन्मुख न रहकर जागने की तरफ उन्मुख होते हो और अगर यह मात्रा तेजी से एकदम बढ़ाई जा सके, तो तुम्हारे भीतर संतुलन में एकदम से फर्क होता है जैसे तराजू का एक पल्ला जो नीचे लगा था, एकदम से ऊपर चला गया, तराजू का ऊपर का पल्ला बिल्कुल नीचे आ गया। अगर झटके के साथ तुम्हारे भीतर का संतुलन बदला जा सके, तो उसका तुम्हें अनुभव भी जल्दी होगा। अगर पल्ला बहुत धीरे-धीरे आए, तुम्हें पता नहीं चलेगा कि कब बदलाहट हो गई। इसलिए मैं तीव्र श्वास के प्रयोग के लिए कह रहा हूँ - कि इतने जोर से परिवर्तन करो कि दस मिनट में तुम एक स्थिति से ठीक दूसरी स्थिति में प्रवेश कर जाओ और तुम साफ देख सको। क्योंकि जितने जल्दी चीज बदलती है, देखी जा सकती है।

इसलिए मैं ऐसे प्रयोगों का पक्षपाती हूँ जो तुम्हें तीव्रता से रूपांतरित करते हों। अगर बहुत वक्त ले लें तो तुम कभी समझ न पाओगे कि क्या हो रहा है और खतरा क्या है? अगर तुम समझ न पाए, तो हो सकता है थोड़ा बहुत रूपांतरण भी हो जाए, लेकिन उससे तुम्हारी समझ गहरी न हो पाए। कई बार ऐसा होता है कि आत्मिक अनुभव के बहुत निकट पहुंच जाते हैं अनायास, चलते-चलते कहीं से, लेकिन झटके से नहीं, तीव्रता से नहीं, तो वह पकड़ नहीं पाता कि क्या हुआ और उसकी वह जो व्याख्या करता है वह कभी भी ठीक नहीं होती, क्योंकि उसकी व्याख्या के लिए उतना फासला नहीं होता। बहुत मौकों पर ऐसी घटना घटती है जब कि तुम करीब होते हो एक नए अनुभव के, लेकिन तुम उसको टाल जाओगे, तुम उसकी व्याख्या अपने पुराने हिसाब में ही कर लोगे, क्योंकि वह इतने धीरे-धीरे हुआ है कि उसका कभी पता नहीं चलेगा।

कुंडलिनी का ईंधन है प्राण-ऊर्जा

तो तीव्रता का प्रयोग इसलिए कहता हूँ और प्राणवायु का तो बहुत मूल्य है। असल में, जितनी मात्रा में तुम अपने शरीर को प्राणवायु से, ऑक्सीजन से भर लोगे, उतनी ही त्वरा से, स्पीड से तुम शरीर के अनुभव से आत्म-अनुभव की तरफ झुक जाओगे। क्योंकि अगर बहुत ठीक से समझो तो शरीर तुम्हारा डेड एंड है - यानि तुम्हारा वह हिस्सा, जो मर चुका है। इसलिए दिखाई पड़ रहा है। तुम्हारा वह हिस्सा जो अब तरल नहीं है, ठोस

हो गया है और आत्मा वह हिस्सा है जो तरल है, ठोस नहीं है, हवाई है, पकड़ में नहीं आता है।

तो जितनी ज्यादा तुम्हारे भीतर ऊर्जा होगी प्राण और जागरण की, उतना ही तुम इन दोनों के बीच साफ फासला कर पाओगे। ये दो बहुत भिन्नतम तुम्हें मालूम पड़ेंगे, एक हिस्सा यह, एक हिस्सा वह-बिल्कुल अलग मालूम पड़ेंगे। इसलिए यह बहुत गहरा उपयोग है।

हां, कुंडलिनी जागरण के लिए। इसलिए कि कुंडलिनी जो है, वह तुम्हारी सोई हुई शक्ति है। उसको तुम कार्बन के साथ न जगा सकोगे, कार्बन उसे और सुला देगी। उसको जगाने के लिए ऑक्सीजन बहुत सहयोगी है। इसलिए जिस तरह से भी हो सके... सुबह का ध्यान निरन्तर समझा गया है कि सुबह का ध्यान उपयोगी है। उसका कोई और ज्यादा मूल्य नहीं है। उसका मूल्य इतना ही है कि सुबह तुम थोड़ी भी श्वास लो तो भी ज्यादा ऑक्सीजन तुम्हारे भीतर पहुंच जाती है तो उधर सूर्य उगने के साथ घंटे भर पृथ्वी बहुत ही अनोखी स्थिति में होती है तो उस स्थिति का उपयोग करने के लिए सारी दुनिया में ध्यान का वक्त चुन लिया गया। तुम्हारे भीतर जो सोई हुई शक्ति है उस पर जितने जोर से प्राणवायु की चोट होगी, उतनी ही शीघ्रता से...।

दांव पूरा ही लगाना

श्वास तो तेज होती है आप ही आप, लेकिन बीच-बीच में श्वास की गति बिल्कुल रुक जाती है तो क्या उस स्थिति में प्रयोग करना चाहिए श्वास का?

करोगे तो फायदा होगा। सवाल यह नहीं कि श्वास चले कि नहीं, वह न चले तो कोई हर्जा नहीं, तुमने प्रयास किया कि नहीं। यह सवाल नहीं, वह नहीं चलेगी तो नहीं चलेगी, तुम क्या करोगे? लेकिन तुम मत छोड़ देना प्रयास। तुम्हारा प्रयास ही सार्थक है। बड़ा सवाल इतना नहीं है कि वह हुआ कि नहीं हुआ। तुमने किया! तुमने अपने को पूरे दांव पर लगाया, तुमने कहीं बचा नहीं लिया अपने को, नहीं तो मन बहुत बचाव करता है। वह कहता है, अब तो हो ही नहीं रहा, अब छोड़ो। हमारे मन के साथ कठिनाई ऐसी है कि वह रोज हजार रास्ते खोजता है, कि अब तो यह हो ही नहीं रहा, अब बिल्कुल दम घुटा जा रहा है, अब बिल्कुल मर ही जाओगे, अब छोड़ो।

तो तुम यह मत सुनना। तुम कहना, घुट जाए तो बड़ा आनन्द। नहीं आ सकेगी तो वह दूसरी बात है, उसमें तुम्हारा कोई वश नहीं है, लेकिन अपनी तरफ से तुम पूरी कोशिश करना, तुम अपने को पूरा दांव लगाना। उसमें रत्ती भर अपने को बचाना मत। क्योंकि कभी-कभी रत्ती भर बचना ही सब रोक देता है-रत्ती भर बचाना। कोई नहीं जानता कि ऊंट आखिरी तिनके से बैठ जाएगा। तुमने बहुत वजन लादा है ऊंट पर, लेकिन अभी इतना वजन नहीं हुआ है कि ऊंट बैठे। हो सकता है कि सिर्फ आखिरी तिनका-घास का एक छोटा-सा टुकड़ा हो और ऊंट बैठ जाए। क्योंकि संतुलन तो एक छोटे से तिनके से ही आखिर में तय होता है।

पहले नहीं होता तय। पहले तुमने दो मन लादा और उससे कुछ नहीं हुआ, ऊंट चलता ही चला गया। तुमने एक हथौड़े से ताला तोड़ा, तुम पचास हथौड़े मार चुके पूरी ताकत से और इक्यावनवां तुमने बहुत धीमी ताकत से मारा और टूट गया संतुलन तो अंत में बड़ी छोटी बात से तय होता है। इसलिए ऐसा न हो कि तुम सारी मेहनत करो और एक तिनके से चूक जाओ और चूक गए तो तुम पूरे चूक गए।

अभी ऐसा हुआ: एक मित्र अमृतसर में तीन दिन से ध्यान कर रहे थे। पढ़े लिखे डॉक्टर हैं, पर नहीं कुछ हो रहा था। आखिरी दिन-मुझे तो पता ही नहीं था कि वे क्या कर रहे हैं, क्या नहीं कर रहे हैं, जानता भी नहीं उनको - आखिरी दिन मैंने यह कहा कि हम पानी को गरम करते हैं तो वह सौ डिग्री पर भाप बनता है और अगर निन्यानवे डिग्री से भी वापस लौट गए, तो यह मत सोचना कि हमने निन्यानवे तक बनाया था तो एक डिग्री की क्या बात थी। वह पानी रह जाएगा। साढ़े निन्यानवे तक भी पानी रह जाएगा। रत्ती भर फासला रह जाएगा तो भी पानी रह जाएगा। वह तो आखिरी रत्ती भी, जब सौ को पार करेगा, क्रॉस करेगा, तभी भाप बनेगा और इसके लिए कोई शिकायत नहीं की जा सकती है।

तो वे उसी दिन सांझ को मेरे पास आए कि आपने यह अच्छा कहा, मैं तो कर रहा था कि भई, चलो धीरे-धीरे कर रहे हैं, बहुत नहीं होगा तो थोड़ा तो होगा। "हमारे ख्याल में क्या होता है?" आपने जब कहा तब मुझे ख्याल आया कि यह बात तो ठीक है। अट्ठानवे डिग्री पर गर्म किया तो ऐसा नहीं कि थोड़ा पानी भाप बनेगा और थोड़ा नहीं बनेगा, बनेगा ही नहीं। बनना

तो शुरू होगा, एक भी बिंदु अगर बना हो तो वह सौ डिग्री पर ही उठेगा, उसकी उड़ान तो सौ डिग्री पर होगी। उसके पहले वह पानी होना नहीं छोड़ सकता। पानी होना छोड़ने के लिए उतनी यात्रा उसे करनी ही पड़ेगी, आखिरी डिग्री तक।

तो उन्होंने मुझसे कहा कि आपने अच्छा कह दिया यह। आज मैंने पूरी ताकत लगाई। तो मैं तो हैरान हूँ कि मैं तीन दिन से मेहनत फिजूल कर रहा था, थक भी जाता था, आज थका भी नहीं हूँ और कुछ हो भी गया, पर उन्होंने कहा कि मुझे सौ डिग्री की बात ख्याल रही पूरे वक्त और मैंने इंच भर भी नहीं छोड़ा, मैंने कहा कि अपनी तरफ से नहीं छोड़ना है, पूरी ताकत लगा देनी है।

जिनको नहीं हो रहा है और जिनको हो रहा है, उनमें और कोई फर्क नहीं है, सिर्फ इतना ही फर्क है। एक बात और ध्यान रखना कि कई दफे ऐसा लगता है कि तुम्हारा पड़ोस तुमसे ज्यादा ताकत लगा रहा है और उसको नहीं हो रहा, लेकिन उसकी सौ डिग्री और तुम्हारी सौ डिग्री में फर्क है। अगर उसके पास ताकत ज्यादा है...।

एक आदमी के पास पांच सौ रुपए हैं और वह तीन सौ रुपए लगा रहा है दांव पर और तुम्हारे पास पांच रुपए हैं और तुम चार रुपए दांव पर लगा रहे हो-तुम आगे निकल जाओगे। यह तीन और चार से तय नहीं होगा, पूरे अनुपात से तय होगा। तुमने अपना पूरा लगाया तो सौ डिग्री पर हो और सबकी सौ डिग्रियां अलग होंगी। उसका कितना पूरा लगाने का सवाल है। अगर तुमने पांच रुपए लगा दिए तो तुम जीत जाओगे और वह तीन सौ और चार सौ भी लगा दे तो नहीं जीतेगा। उसके पास पांच सौ थे, जब तक वह पांच सौ न लगा दे, तब तक वह जीतनेवाला नहीं है।

इसलिए अंतिम अर्थों में एक बात का ध्यान रखना सदा जरूरी है कि तुम अपने को बचाना मत, कहीं भी यह मत सोचना कि अब ठीक है, इतने से हो जाएगा। ऐसा तुमने सोचा कि तुम लौटना शुरू हो जाओगे।

और अक्सर ऐसा होगा कि जिस बिंदु से घटना घटती है उसी बिंदु से ऐसा होगा, क्योंकि मन उसी बिंदु पर घबराना शुरू होता है कि अब तो भाप बनी, अब भाप बनी। अब वह कहता है कि अब बस काफी हो गया, उबल चुका, पानी आग हुआ जा रहा है, अब क्या फायदा, अब लौट आओ।

'वही क्षण बहुत कीमती है जब तुम्हारा मन कहे, अब लौट चलो।' अब मन को लगने लगा कि अब मामला खतरे का है, अब टूटने का वक्त करीब आता है, अब तो मरे। जैसे ही उसको लगा कि अब खतरा आ रहा है...जब तक खतरा नहीं है, तब तक वह कहेगा कि खूब मजे से करो, जैसे ही खतरे के करीब पहुंचोगे, ब्वाइलिंग प्वाइंट के पहले ही वह तुमसे कहेगा कि अब बस, अब तो पूरी ताकत लगा दी, अब तो होता ही नहीं है। उसी वक्त सावधान रहना। वही क्षण है जब तुम्हें पूरा लगा देना है। उस एक क्षण में चूकने से कभी-कभी वर्षों का चूकना हो जाता है और निन्यानवे डिग्री तक पहुंचने में भी वर्षों लग जाते हैं। कभी तो और कहीं पहुंच जाते हैं, तत्काल चूक जाते हैं। जरा-सी बात और चुका सकती है। इसलिए तुम मत बचाव करना। वह नहीं होगा, नहीं होगा।

जोर से करने से नाड़ियों पर कुछ असर नहीं हो सकता?

ये सारी की सारी बातें हैं, सारी की सारी जो बातें हैं, हमारे सारे भय जो हैं...असर तो होगा ही, असर क्यों नहीं होगा? असर तो होगा ही, असर होने के लिए ही तो सारी बात है।

टूट जाए नाड़ी तो?

हां, तो देखो भी न! टूट जाने दो, बचाकर भी क्या करना है! टूट ही जाएगी, बचाकर भी क्या करोगी।

इग्नोरंस में तो मरना नहीं चाहते!

तो मरोगी इग्नोरंस में अगर नाड़ी बचाओगी। क्या करोगी? हमारी तकलीफ यह है कि हम जिन चीजों को बचाने के लिए चिंतित रहते हैं उनको बचाने से होना क्या है?

हमारे पास इतना ही अल्प-सा तो है, उसे भी खो दें?

हां, अगर वह भी होता तब भी कुछ था, तब तुम्हें डर न होता उसके खोने का, वह भी नहीं है। अक्सर नंगे आदमी कपड़े चोरी हो जाने के डर से भयभीत रहते हैं, क्योंकि इससे एक मजा आता है कि अपने पास भी कपड़े हैं। उसको जो रस है भीतर वह यह रहता है कि अरे! अपने कोई नंगे थोड़े ही हैं, कपड़े चोरी न चले जाएं। कपड़े हैं तो चोरी जाने की इतनी फिक्र नहीं रहती है। कपड़े ही हैं न, चोरी चले जाएंगे तो चले जाएंगे। यह भय छोड़ना।

इसका मतलब यह नहीं है कि तुम्हारी नाड़ियां टूट जाएंगी। भय से टूट सकती हैं, ध्यान से नहीं टूट सकतीं। भय से टूट जाती हैं, लेकिन भय से हम भयभीत नहीं होते। भय से टूट जाएंगी, चिंता से टूट जाएंगी, उससे हम भयभीत नहीं हैं। तनाव से टूट जाएंगी, उससे हम भयभीत नहीं हैं। ध्यान से हम भयभीत हैं, जहां कि टूटने का कोई सवाल नहीं है, जहां टूटी भी होंगी तो जुड़ सकती हैं।

लेकिन हम अपने भय पालते हैं और वे भय हमारी सुविधा बनते हैं कि ऐसा न हो जाए, ऐसा न हो जाए, 'लौट आने का हम सारा इंतजाम कर लेते हैं।'

तो मैं यह कहता हूँ जाओ ही क्यों? यह दुविधा खतरनाक है। मैं कहता हूँ, जाओ ही मत, बात ही छोड़ो, उसकी चिंता ही मत लो।

दुविधा साधक की एकमात्र शत्रु

लेकिन हम दोनों काम करना चाहते हैं। हम जाना भी चाहते हैं और नहीं भी जाना चाहते हैं। तब दुविधा हमारे प्राण ले लेती है और तब हम अकारण परेशान होते हैं। सैकड़ों-लाखों लोग अकारण परेशान होते हैं। उनको परमात्मा को खोजना भी है और बचना भी है कि कहीं मिल न जाए।

अब ये दोहरी दिक्कतें हैं। हमारी सारी तकलीफ जो है न वह, ऐसी है कि हम जो करना चाहते हैं उसको किसी दूसरे तल पर मन से नहीं भी करना चाहते। दुविधा हमारा प्राण है। हम ऐसा कह ही नहीं पाते कि हम कुछ करना चाहते हैं, तो करना चाहते हैं। जिस दिन ऐसा हो उस दिन तुम्हें कोई रुकावट नहीं होगी। उस दिन जिन्दगी गति बन जाती है, लेकिन हमारी हालत ऐसी है कि एक पैर उठाते हैं और एक वापस लौटा लेते हैं, एक ईंट मकान की रखते हैं और दूसरी उतार लेते हैं। रखने का भी मजा लेते रहते हैं और रोने का भी मजा लेते रहते हैं कि मकान बन नहीं रहा। दिन-भर मकान जमाते हैं रात-भर में उतार देते हैं। दूसरे दिन फिर दीवारें वही की वही हो जाती हैं, फिर हम रोने लगते हैं कि बड़ी मुश्किल है कि मकान बन नहीं रहा।

यह जो कठिनाई है, यह समझनी चाहिए अपने भीतर और इसको ऐसे ही समझ सकोगी जब तक यह समझो कि ठीक है, टूटेंगी नहीं, तो टूटेंगी भी नहीं। तीस-चालीस साल नहीं टूटीं तो करोगी क्या? एक दफ्तर में नौकरी करोगी, रोज खाना खाओगी, दो-चार बच्चे पैदा करोगी - नहीं पैदा करोगी, पति होगा, यह

होगा, वह होगा, यही सब होगा और इनको छोड़ जाओगी तो ये बेचारे अपनी नाड़ियां न टूट जाएं उसके लिए डरते रहेंगे। यही करती रहोगी। करोगी क्या?

अगर हमको थोड़ा-सा भी ख्याल में आ जाए कि जिंदगी को हम बचाने की कोशिश में हैं, इसमें बचाने योग्य भी क्या है? तो दांव पर लगा सकते हैं, नहीं तो नहीं लगा सकते और यह बहुत ही जिसको कहना चाहिए स्पष्ट, हमारे मन में साफ हो जाना चाहिए कि जिस-जिस चीज को हम बचाना चाहते हैं, उसमें बचाने जैसा भी क्या है? क्या है बचाने जैसा और बचाकर भी कहां बचता है? यह स्पष्ट हो तो फिर तुम्हें कठिनाई नहीं होगी। टूटेगी तो टूट जाएगी। टूटती नहीं है, अभी तक टूटी नहीं है। अगर तोड़ दो तुम तो एक नई घटना होगी।

श्वास का उपयोग हैमरिंग की तरह करना है। उसके परिणाम हैं - एक तो जितने जोर से भीतर श्वास की चोट की जाती है, हमारे शरीर में छिपी हुई प्राण-ऊर्जा जगती है। शायद आपको पता न हो कि हम सबके शरीरों में-हमारे शरीर में ही नहीं। जीवन के समस्त रूपों में जो ऊर्जा छिपी है, वह विद्युत का ही रूप है, इलेक्ट्रिसिटी का ही रूप है। हमारा शरीर भी चल रहा है जिस शक्ति से, वह विद्युत का ही रूप है। वह आर्गनिक इलेक्ट्रिसिटी, उसे हम कहें वह जीवंत विद्युत है। इस विद्युत को जितनी ज्यादा ऑक्सीजन मिले उतनी तीव्रता से जगती है। इसलिए बिना ऑक्सीजन के आदमी मर जाएगा और बिल्कुल मरते हुए आदमी को भी अगर ऑक्सीजन दी जा सके तो हम उसे थोड़ी देर जिंदा रख सकते हैं।

इस दस मिनट में इतने जोर से श्वास लेनी है कि आपके भीतर की सारी वायु बाहर चली जाए और बाहर से ताजी वायु भीतर चली आए। आपके शरीर के भीतर ऑक्सीजन का अनुपात बदल डालना है। वह अपने आप बदल जाता है और चोट इतने जोर से करनी है कि शरीर में जो शक्ति सोई हुई है, वह उठने लगे।

पांच मिनट के प्रयोग में ही कोई साठ परसेंट लोगों के शरीरों के भीतर कंपन शुरू हो जाएगा। वह आपको बहुत स्पष्ट मालूम पड़ने लगेगा कि कोई चीज वाइब्रेट करती हुई उठने लगी है। योग ने उसे कुंडलिनी कहा है। अगर हम विज्ञान से पूछेंगे तो उसे वह बॉडी इलेक्ट्रिसिटी कहेगा। वह कहेगा, वह शरीर की विद्युत है।

पांच मिनट के बाद ही आपके शरीर के भीतर कोई चीज कंपती हुई, उठती हुई मालूम पड़ने लगेगी। शरीर एक नई शक्ति से भरता हुआ मालूम

पड़ने लगेगा। दस मिनट बाद पूरा प्रयोग करने पर आप इलेक्ट्रिफाइड हालत में हो जाएंगे। सारा शरीर विद्युत का एक प्रवाह बन जाएगा। स्वभावतः इसके परिणाम होंगे। जब शरीर में जोर से वाइब्रेशंस होंगे तो शरीर कांपने लगेगा, डोलने लगेगा, नाचने लगेगा।

जिस श्वास की बात मैं कर रहा हूँ, वह श्वास बिल्कुल ही नॉन-रिदमिक नॉन-मेथॉडिकल है और कल जैसा किया था, वैसा आज भी नहीं कर सकते आप, क्योंकि उसका कोई मेथड ही नहीं है। कल जैसा किया था, वैसा आज भी नहीं कर सकते, अभी शुरू जैसा किया था, अंत करते तक भी वैसा नहीं कर सकते। वह जैसी होगी और ख्याल सिर्फ इतना ही है कि आपकी सब जो कंडीशनिंग है माइंड की, वह ढीली पड़ जाए।

तो मेरी तो अपनी समझ यह है कि यह आज नहीं कल, जो मैं कह रहा हूँ, यह एक बहुत बड़ी थैरेपी सिद्ध होगी और आज नहीं कल, पागल को स्वस्थ करने के लिए यह अनिवार्य रास्ता बन जाएगा और अगर हम प्रत्येक बच्चे को स्कूल में इसे करा सकें तो हम उस बच्चे के पागल नहीं होने की व्यवस्था किए दे रहे हैं। वह कभी पागल नहीं हो सकता। वह इम्यून हो जाएगा - एक और वह मालिक हो जाएगा-इन सारी स्थितियों का मालिक हो जाएगा।

-ओशो

जिन खोजा तिन पाईया

यह अराजकपूर्ण श्वास तुम्हारे अतीत के सारे ढांचों को तोड़ देगी। तुमने अपनी जो व्यवस्था बनाई है उसे नष्ट कर देना है। यह श्वास तुम्हारे भीतर अस्तव्यस्त कर देती है और वह तुम्हारे भीतर अराजकता पैदा करती है। जब तक सब कुछ अस्तव्यस्त न हो जाए, तब तक तुम्हारे दमित भाव बाहर नहीं आएंगे। वे भाव अब शरीर में प्रवेश कर गए हैं।

दस मिनट की अराजकपूर्ण सांस बहुत अच्छी है, लेकिन उसे प्राणायाम मत बनाना। यह कोई यौगिक क्रिया नहीं है। इस श्वास से सिर्फ भीतर अस्तव्यस्त कर देना है और वह अराजकता क्यों पैदा करती है, इसके कई कारण हैं।

तेज और गहरी सांस तुम्हें ज्यादा ऑक्सीजन देती है। शरीर में ऑक्सीजन जितनी ज्यादा हो उतने तुम प्राणवान हो जाते हो, जानवर की भांति। जानवर जीवंत है और मनुष्य आधा मुर्दा, आधा जिंदा है। तुम्हें फिर

से जानवर बनाना है। तभी कुछ श्रेष्ठतर तुममें जन्म ले सकता है। तुम झूठे हो। यदि तुम सिर्फ आधे जीवित हो तो तुम्हारे साथ कुछ भी किया नहीं जा सकता।

तो यह अराजकपूर्ण सांस तुम्हें जानवर की तरह बनाएगी-जीवंत, ओजस्वी, शक्तिशाली। तुम्हारे खून में अधिक ऑक्सीजन प्रविष्ट होगी, मांसपेशियों में अधिक खून संचारित होगा। तुम्हारे शरीर की मांसपेशियां अधिक जीवंत होंगी। प्राणवायु की अधिकता शरीर में निहित विद्युत शक्ति को पैदा करती है। इसे हम बायोएनर्जी भी कह सकते हैं। जब शरीर मे विद्युत पैदा होती है तो उसके आधार पर तुम और भीतर प्रवेश कर सकते हो-स्वयं के पार। क्योंकि वह विद्युत तुम्हारे अंतस में काम करती है। अभी तुम जैसे हो, बिल्कुल मुर्दा हो या अधमरे हो। पूरा मर जाना ही अच्छा है। कुछ भी पूर्ण अच्छा होता है, लेकिन अधूरापन ठीक नहीं है।

शरीर के अपने विद्युत स्रोत हैं। अगर तुम ज्यादा सांस लेकर, ज्यादा ऑक्सीजन के द्वारा चोट करोगे तो वे प्रवाहित हो जाते हैं और यदि तुम सचमुच जीवंत हो जाते हो तो तुम अशरीरी हो जाते हो। जब तुम जीवंत होते हो तो तुम स्वयं को ऊर्जा की तरह अनुभव करते हो, पदार्थ की तरह नहीं। अभी तुम अधमरे हो इसलिए शरीर को एक बोझ की तरह अनुभव करते हो। तुम्हारा आधा मृत हिस्सा बोझ बनता है और गुरुत्वाकर्षण की कोशिश में नीचे की ओर खिंच जाता है। तुम्हें ऊपर की दिशा में यात्रा करनी हो तो स्वयं को ऊर्जा की तरह महसूस करना बहुत जरूरी है।

पहले चरण आमंत्रण में दस मिनट तक भस्त्रिका को प्रयोग करना है, तीव्र श्वास का प्रयोग करना है, फास्ट ब्रीदिंग का प्रयोग करना है। पहले चरण में दस मिनट तक जितनी तीव्रता से श्वास ले सकें लेना और छोड़ना है। अव्यवस्थित, किसी व्यवस्था से नहीं। ऐसे ही जैसे लुहार की धौंकनी चलती है।

अव्यवस्थित इसलिए कि जितनी अव्यवस्थित होगी श्वास, जितनी अनार्किक ब्रीदिंग होगी, उतनी ही आपकी जो रूटीन चित्त की व्यवस्था है उसको तोड़ने में सहयोग मिलता है। जैसी श्वास आप रोज लेते रहते हैं, वैसे ही श्वास लेते रहकर, आपके चित्त को बदलने का उपाय नहीं है। आपकी श्वास को बदलना ही पड़ेगा। तब आपके भीतर के चित्त के परिवर्तन की संभावना पैदा होती है। श्वास तीव्रता पर ही ध्यान रखना है, इतने जोर से लेनी

और छोड़नी है दस मिनट तक आप भूल ही जाएं कि कुछ और भी बचा, श्वास ही बची। सारी शक्ति श्वास पर लगा देनी चाहिए।

इसके तीन परिणाम होंगे। पहला परिणाम तो यह होगा कि धीरे-धीरे आपको शरीर का बोध मिट जाएगा और प्राण का बोध रह जाएगा, श्वास का बोध रह जाएगा। यह भीतर की यात्रा का पहला पड़ाव है। दूसरा परिणाम यह होगा कि सारे शरीर में विद्युत, बॉडी इलेक्ट्रिसिटी दौड़ने लगेगी। सारा शरीर कांपने लगेगा और विद्युत के कंपन सारे शरीर में गूंजने लगेंगे। यह शरीर में विद्युत के कंपन का गूंजना अत्यंत जरूरी है, इसके बिना भीतर प्रवेश नहीं हो सकता। हमारे पास जितनी शक्ति है, वह पूरी की पूरी जग जाए तो ही छलांग लगा सकते हैं।

और तीसरा परिणाम यह होगा, शब्द कुंडलिनी आपने सुना है, जैसे ही आपके शरीर में विद्युत दौड़ने लगेगी, वैसे ही आपकी रीढ़ पर भी बहुत तीव्र कंपन शुरू हो जाएंगे, कोई चीज रीढ़ पर उठनी शुरू हो जाएगी जैसे, नीचे से कोई चीज ऊपर की तरफ यात्रा पर निकल गई।

ये तीन परिणाम पहले प्रयोग में घटित होते रहे, अगर आपने पहला प्रयोग किया। इसमें आपके सिर्फ करने का ही सवाल है। नहीं किया तो नहीं घटित होते हैं, किया तो घटित होते हैं। जितनी तीव्र श्वास आप ले सकें, अपनी पूरी शक्ति पहले दस मिनट में लगा देनी है और पहला चरण ठीक होगा तो ही दूसरा चरण हो पाएगा, अन्यथा नहीं हो पाएगा।

नोट : रात को सोते समय नाक में दो-दो बूंद बादाम रोगन या बादाम तेल की डालें। इससे प्रातः गहरी व तेज श्वास में सहायता मिलेगी तथा खुश्की भी नहीं होगी।

दूसरा चरण

दस मिनट के बाद संगीत बदल जाएगा, दूसरा चरण दस मिनट के रेचन का होगा। पहले चरण में जो ऊर्जा जागृत हुई है वह रेचन में सहयोगी होगी। शुरू-शुरू में इतनी ऊर्जा जागृत न होने पर हम शरीर, मन को रेचन करने में सहयोग करेंगे। रेचन यानि शरीर व मन जो भी करना चाहे, हंसना, चिल्लाना, उछलना-कूदना, क्रोध करना, गाली देना जो कुछ भी करना चाहे, करने देना है शुरू में हम कुछ-ना-कुछ करेंगे। कुछ न भी हो तो खड़े ना रहें, हाथ-पांव हिलाते रहें, दूसरों को बाधा न दें। सब आप अपने से कल्पना में करें। जो भी हमने अचेतन में दबाया है, रोना, हंसना, क्रोध, गाली देने का भाव आदि उन सबको बाहर उड़ेल दें। पूरी तरह से होशपूर्वक पागल हो जाएं। पहले-पहल हम झिझक महसूस करेंगे, पूरी तरह नहीं कर पाएंगे, चिंता न लें, समूह में करते हैं तो आसानी रहती है। कुछ दिन समूह में करने के बाद अकेले आसानी से कर सकते हैं। शरीर व मन को पूरी छूट देनी है, रोकना नहीं है, दस मिनट तक।

ओशो देशना

साधारणतया हम रोकते हैं। हमारी जिन्दगी-भर की आदत है हर चीज को रोकने की। अगर हंसी भी आती है तो हम धीरे से हंसते हैं, जोर से नहीं हंसते। रोना भी आता है तो संभाल लेते हैं, क्योंकि रोना शोभा नहीं देता। नाचने का तो कोई सवाल ही नहीं है, कूदने का कोई सवाल ही नहीं है, हाथ-पैर अवस्था से हिलाने का कोई सवाल नहीं है अर्थात् जिन्दगी में हमने सब रोके रखा है।

जब शक्ति आपके भीतर की जागेगी तो आपके भीतर जो भी रुका है, वह सब प्रगट होना चाहेगा। इसको आप चाहें रोकना तो रोक सकते हैं, लेकिन रोकने से भयंकर नुकसान होगा, क्योंकि जो शक्ति जग गई है, अगर आपने उसको रोका तो वह आपके लिए शारीरिक रूप से नुकसानकारी सिद्ध होगी। उसका जिम्मा मुझ पर नहीं होगा। ध्यान का प्रयोग व्यर्थ तो चला ही जाएगा,

उससे नुकसान भी होने शुरू हो जाएंगे। शरीर में ग्रन्थियां और गांठें बन जाएंगी। उस शक्ति को, जो निकलना चाहेंगी, आप रोक लेंगे तो।

जैसे ही पहले चरण के बाद शक्ति पैदा होगी, आपका शरीर जो भी करना चाहे उसे पूर्णतः सहयोग देना। कोई नाचने लगेगा, कोई चिल्लाने लगेगा, कोई रोने लगेगा, कोई हंसने लगेगा, कोई अस्तव्यस्त मुद्राएं बनाने लगेगा, कोई आसन बनाने लगेगा। शरीर जो भी करना चाहे उसे बिल्कुल ऐसा छोड़ देना है जैसे हमें प्रयोजन नहीं, सिर्फ साथ देना है। इतनी तीव्रता से साथ देना है कि अगर हाथ हिल रहा है तो पूरा साथ देना है कि वह पूरा हिल जाए। रोकने से नुकसान है, सहयोग देने से अभूतपूर्ण फायदे हैं।

अगर आपने पूरा सहयोग दे दिया तो आपके शरीर की नामालूम कितनी बीमारियां जो आपके पीछे पड़ी हों, अचानक विलीन हो सकती हैं। आपके मन के नामालूम कितने रोग जो चित्त को घेरे हों-क्रोध, काम, लोभ अचानक आप पा सकते हैं कि मन हल्का हो गया वे बह गए। दुःख, उदासी, पीड़ा, वैमनस्य, ईर्ष्या, वे सब गिर जाते हैं। अगर शरीर को पूरी तरह से आपने खेलने का मौका दिया तो आपका शरीर ही नहीं, आपके मन का भी कैथार्सिस हो जाता है, रेचन हो जाता है।

दस मिनट का जो सबसे बड़ा उपयोग है वह यही है कि शरीर का रेचन हो जाएगा। उसके बाद ही हम ध्यान में प्रवेश कर सकते हैं जैसे- कोई पहाड़ पर चढ़ रहा हो तो सब बोझ नीचे छोड़ जाता है, बोझ साथ में हो तो पहाड़ पर चढ़ना असंभव होता है। जैसे-जैसे ऊंचाई बढ़ती है, वैसे-वैसे बोझ छोड़ना पड़ता है। ध्यान की ऊंचाइयां, गहराइयां हैं। उनमें जाने के लिए सब बोझ छोड़ जाना बहुत जरूरी है। इसलिए जो संकोच करेंगे उनका समय व्यर्थ होगा। जो शिष्टाचार का ध्यान करेंगे उनका समय व्यर्थ होगा और समय ही व्यर्थ नहीं होगा, बल्कि पहला चरण अगर पूरा कर लिया है-पॉजिटिव हार्म, उसे निश्चित रूप से हानि पहुंचेगी।

सब अपने काम में लगे होंगे, किसी-से-किसी को प्रयोजन नहीं, कोई किसी को नहीं देखता होगा, किसी को देखने से मतलब नहीं। बहुत से मित्रों को ऐसा अनुभव होगा कि बहुत तीव्रता से उनका शरीर हल्का हो रहा होगा तो थोड़ा-सा वस्त्र भी एकदम पहाड़ की तरह, पत्थर की तरह भारी हो जाएगा। महावीर पागल नहीं थे कि नग्न हुए। नग्न होने का कारण है, और भी ऐसे सैकड़ों लोग उस ध्यान का प्रयोग कर नग्न हुए, उसका कारण है।

ऐसा नहीं कि वह नग्नता आपके लिए अनिवार्य बन जाएगी। एक दबा चित्त हल्का हो जाए तो आप वापस लौट आएंगे। इस दुनिया में और सीधे-साफ हो सकेंगे।

दूसरे चरण पर ध्यान देना बहुत जरूरी है, क्योंकि वह सर्वाधिक महत्त्वपूर्ण है। तीसरे में प्रवेश के लिए वह लिंक सेतु का काम करता है और दूसरे में ही सबसे ज्यादा बाधा पड़ती है। न तो आप खुलकर नाच पाते हैं, न चिल्ला पाते हैं, न रो पाते हैं, न डोल पाते हैं। उससे बाधा पड़ जाएगी। मन में से न जाने क्या निकलना शुरू होगा। जानवरों जैसी आवाज निकलने लगेगी, आपको डर लगेगा कि मैं कैसे निकालूं? उसे निकलने देना। जो भी हो रहा है उसे स्वीकार करके उसका पूरा साथ देना। अगर आप पूरा साथ दे सके तो परिणाम सुनिश्चित है। अद्‌भुत परिणाम होंगे, जिनकी आप कल्पना भी नहीं कर सकेंगे।

दूसरा चरण पूरा हो तो हम तीसरे में प्रवेश कर सकेंगे तो दूसरे पर अटकना नहीं है। दूसरे पर अटकना पहले से भी ज्यादा हानिकारक है, क्योंकि शरीर ने काम करना शुरू कर दिया तो आप न मालूम किस तरह की नई रुग्णताओं को, नई मानसिक विक्षिप्ताओं को निमन्त्रण दे सकें। हर चीज की हानि उतनी ही होती है जितना लाभ होता है। उनकी मात्रा बराबर होती है। अगर आप लाभ लेते हैं तो पूरा लें अन्यथा हानि हाथ पड़ जाएगी या फिर करें ही मत। जहां हैं, वहीं बेहतर हैं। करना है तो पूरा समझकर करें और पूरा प्रयोग करें ताकि किसी को हानि न हो जाए।

जब दूसरे चरण में पूरी तरह की गतियां शुरू होंगी तो आपको शरीर अलग मालूम होने लगेगा। यह उस दूसरे चरण का कीमती अनुभव है। जब शरीर नाचेगा, चिल्लाएगा, जानवरों की आवाज करने लगेगा, कुछ भी बकने लगेगा, कुछ भी बोलने लगेगा, रोने लगेगा, हंसने लगेगा, तब आपको पहली बार पता चलेगा कि आप अलग खड़े देख रहे हैं...कि यह शरीर क्या कर रहा है। यह आपकी भिन्नता का पहला अनुभव होगा कि मैं साक्षी की तरह देख रहा हूं, यह रो रहा है।

सुना है हमने बहुत कि मैं अलग हूँ और यह शरीर अलग है। यह सुनी हुई बात है। यही दूसरे चरण का प्रतिफल है कि अनुभव हो जाए कि मैं अलग हूँ और शरीर अलग है जैसे कि यह अनुभव होता है-तीसरे में हम गति कर जाएंगे।

स्थूल शरीर से रेचन करना सरल

मेरी दृष्टि में इससे उल्टी बात है और मेरी दृष्टि में यह बात, यह है कि पागल और हममें कोई बुनियादी फर्क नहीं है। हम सब दबे हुए पागल हैं, सप्रेस्ट इनसेनिटी है हमारी या कहना चाहिए हम जरा नॉर्मल ढंग के पागल हैं या कहना चाहिए कि हम औसतन पागल हैं, एवरेज पागल हैं। हमारा सब पागलों से तालमेल खाता है। हमारे भीतर जो पागल थोड़े आगे निकल जाते हैं वे जरा दिक्कत में पड़ जाते हैं, लेकिन हम सबके भीतर पागलपन है और हम सबको पागलपन में भी अपना निकास खोजना है।

जब तुम क्रोध में होते हो तब एक अर्थ में तुम मोमेंटरी मैडनेस में होते हो। उस वक्त तुम वे काम करते हो, जो तुमने होश में कभी नहीं किए होते। तुम गालियां बकते हो, पत्थर फेंकते हो, सामान तोड़ सकते हो, छत से कूद सकते हो, कुछ भी कर सकते हो। यह पागल करता तो हम समझ लेते, लेकिन क्रोध में भी एक आदमी करता है तो हम कहते हैं, वह क्रोध में था, लेकिन था तो वही। ये चीजें उसके भीतर अगर नहीं थीं तो आ नहीं सकतीं, ये उसके भीतर हैं, लेकिन हम इन सबको सम्हाले हुए हैं।

मेरी अपनी समझ यह है कि ध्यान के पहले इन सबका निकास होना जरूरी है। जितना इनका निकास हो जाएगा, उतना तुम्हारा चित्त हल्का हो जाएगा और इसलिए पुरानी जो साधना की प्रक्रिया थी, जिसमें तुम सिद्धासन लगाकर बैठते उसमें, जिस काम में वर्षों लग जाते हैं, वह इस प्रक्रिया में महीनों में पूरी हो जाएगी। उसमें जिसमें जन्मों लग जाते, इसमें दिनों में हो सकती है। क्योंकि इसका निष्कासन तो उस प्रक्रिया में भी करना पड़ता था, लेकिन इस प्रक्रिया में भी करना पड़ता था, लेकिन इस प्रक्रिया में जो मूवमेंट थे, वे फिजिकल बॉडी के बंद करके और ईथरिक बॉडी से करने पड़ते थे।

अब वह जरा दूसरी बात है। करने तो पड़ते ही थे, रोना तो पड़ता ही था, हालांकि अगर रोना भीतर है तो उसका निकलना जरूरी है और अगर हंसना भीतर है तो उसका भी निकालना जरूरी है और अगर चिल्लाने की इच्छा है तो वह भी निकलनी चाहिए, लेकिन अगर फिजिकल बॉडी का तुमने गहरा अभ्यास किया है और तुम उसे स्थिर रख सकते हो, घण्टों के लिए तो फिर इन सबका निकास तुम ईथरिक बॉडी से कर सकते हो, वह तुम्हारे दूसरे शरीर से इनका निकास हो सकता है। तब किसी को दिखाई नहीं पड़ेगा, सिर्फ तुमको

दिखाई पड़ेगा। तब तुमने समाज के साथ एक सुरक्षा कर ली। अब किसी को पता नहीं चल रहा है कि तुम नाच रहे हो और भीतर तुम नाच रहे हो। यह नाच वैसा ही होगा जैसा तुम स्वप्न में नाचते हो, यह नाच वैसा ही होगा भीतर तुम नाचोगे, भीतर तुम रोओगे, भीतर तुम हंसोगे, लेकिन तुम्हारा भौतिक शरीर इसकी कोई खबर नहीं देगा, वह जड़वत बैठा रहेगा, उस पर इसके कोई कंपन नहीं आएंगे।

भौतिक शरीर के दमन से पागलपन की संभावना

मेरी अपनी मान्यता है कि इतनी परेशानी इतनी-सी बात के लिए उठानी बेईमानी है और वर्षों किसी आदमी को आसनों का अभ्यास कराकर फिर ध्यान में ले जाने का कोई प्रयोजन नहीं है। इसमें दूसरी और भी संभावनाएं हैं। इसमें बहुत संभावना यह है कि फिजिकल बॉडी का अगर बहुत गहरा सेंट हो तो वह आदमी अगर अपने भौतिक शरीर को दमन कर दे तो हो सकता है, ईथरिक शरीर में भी कंपन न हो सके और वह सिर्फ जड़ की भांति बैठा रहे और उस हालत में भीतर तो गहरी प्रक्रिया न रहे, बस बाहर से बैठने का अभ्यास हो जाए और यह भी डर है कि उस हालत में चूंकि ये सारी गतियां न हो पाएं, ये सब सप्रेस्ट इकट्ठी रहें तो वह कभी भी पागल हो सकता है।

पुराना साधक अनेक बार पागल होता देखा गया है, उसमें उन्माद आता था। जिस प्रक्रिया को मैं कह रहा हूं इसको अगर पागल भी करेगा तो महीने, दो महीने के भीतर पागलपन के बाहर हो जाएगा। साधारण आदमी इस प्रक्रिया में कभी भी पागल नहीं हो सकता, क्योंकि पागलपन को दबाने की कोशिश ही नहीं कर रहे हैं, हम उसको निकालने की कोशिश कर रहे हैं। पुरानी साधना ने हजारों लोगों को पागल किया है। हम उसको नाम अच्छे देते थे-कभी कहते थे उन्माद, कभी हर्षोन्माद, कभी एक्सटेसी। हम नाम कुछ भी देते थे, हम कहते थे, आदमी मस्त हो गया, औलिया हो गया, यह हो गया, वह हो गया, लेकिन वह हो गया पागल, उसने किसी चीज को इतनी बुरी तरह से दबाया कि वह उसके वश के बाहर हो गई।

इस प्रक्रिया में पहला काम रेचन का

इस प्रक्रिया में दोहरा काम है। इसमें पहला काम कैथार्सिस का है, इसमें पहला काम निकास का है, तुम्हारे भीतर जो दबा हुआ कचरा है वह बाहर फेंक

दिया जाए, पहले तुम हल्के हो जाओ, तुम इतने हल्के हो जाओ कि तुम्हारे भीतर पागलपन की सारी संभावनाएं क्षीण हो जाएं, फिर तुम भीतर यात्रा करो।

तो इस प्रक्रिया में, जिसमें प्रकट पागलपन दिखाई पड़ता है, यह बड़े गहरे पागलपन से मुक्ति की प्रक्रिया है और मैं पसंद करता हूं कि जो है हमारे भीतर वह निकल जाए। उसका बोझ, उसका तनाव, उसकी चिंता छूट जानी चाहिए।

और यह बड़े मजे की बात है अगर पागलपन तुम पर आए, अब तुम उसके मालिक नहीं होते, लेकिन जिस पागलपन को तुम लाए हो, तुम उसके सदा मालिक हो और एक बार तुम्हें पागलपन की मालकियत का पता चल जाए, तो तुम पर वह पागलपन कभी नहीं आ सकता कि वो तुम्हारा मालिक हो जाए।

अब एक आदमी अपनी मौज से नाच रहा है, गा रहा है, चिल्ला रहा है, रो रहा है, हंस रहा है-वह सब कर रहा है जो पागल करता है, लेकिन सिर्फ एक फर्क है कि पागल पर ये घटनाएं होती हैं, वह कर रहा है, उसके को-ऑपरेशन के बिना ये नहीं हो रही हैं। वह एक सैकेंड में चाहे कि बस, तो वह सब बंद हो जाता है। इस पर अब पागलपन कभी उतर नहीं सकता, क्योंकि पागलपन को इसने जीया है, देखा है, परिचित हुआ है। यह उसकी वालेंटरी, स्वेच्छा की चीज हो गई, पागल होना भी उसकी स्वेच्छा के अन्तर्गत आ गया। हमारी सभ्यता ने हमें जो भी सिखाया है, उसमें पागलपन हमारी स्वेच्छा के बाहर हो गया है वह नॉन-वालेंटरी हो गया है, तो जब आता है तब हम कुछ भी नहीं कर सकते।

आने वाली सभ्यता के पागलपन का ध्यान द्वारा निकास जरूरी

तो इस प्रक्रिया को आने वाली सभ्यता के लिए मैं बहुत कीमती मानता हूँ, क्योंकि आने वाली पूरी सभ्यता रोज पागलपन की तरफ बढ़ती चली जाती है और प्रत्येक व्यक्ति को पागलपन के निकास की जरूरत है और कोई उपाय नहीं है। अगर एक घंटा ध्यान के लिए वह निकालता है तो लोग उसके लिए धीरे-धीरे राजी हो जाते हैं। वे जानते हैं कि वह ध्यान कर रहा है। अगर इसको वह सड़क पर निकालता है तो पुलिस उसको पकड़कर ले जाएगी। अगर इसको क्रोध में निकालता है तो संबंध बिगड़ते हैं और कुरूप होते हैं। इसे किसी से झगड़े में निकालता है...निकालना तो है ही, निकलेगा नहीं तो मुश्किल में पड़ जाएगा। निकालता रहेगा, तरकीबें खोजता रहेगा-कभी

शराब पीकर निकाल लेगा, कभी जाकर ट्विस्ट करके निकाल लेगा, लेकिन उतना उपद्रव क्यों लेना?

अब ट्विस्ट है या और तरह के नाच हैं, वे सब आकस्मिक नहीं हैं। मनुष्य का शरीर भीतर से मूव करना चाहता है, हमारे पास मूवमेंट की कोई जगह नहीं रह गई तो वह इंतजाम करता है। फिर इंतजाम में और जाल बनते हैं। बिना इंतजाम के निकाल लें तो ध्यान जो है वह बिना इंतजाम के निकालना है। हम कोई इंतजाम नहीं कर रहे हैं, उसको हम सिर्फ निकाल रहे हैं और हम मानते हैं कि वह भीतर है और निकल जाना चाहिए।

अगर हम एक-एक बच्चे को शिक्षा के साथ कैथार्सिस को भी सिखा सकें, तो दुनिया में पागलों की संख्या एकदम गिराई जा सकती है, पागल होने की बात ही खत्म की जा सकती है, लेकिन वह रोज बढ़ती जा रही है और जितनी सभ्यता बढ़ेगी, उतनी बढ़ेगी। क्योंकि सभ्यता उतना ही सिखाएगी-रोको! सभ्यता न तो जोर से हंसने देती, न जोर से रोने देती, न नाचने देती और न ही चिल्लाने देती है। सभ्यता सब तरफ से दबाव डालती है और तुम्हारे भीतर जो-जो होना चाहिए वह रुकता जाता है, रुकता जाता है-फिर फूटता है और जब फूटता है, तब वह तुम्हारे वश के बाहर हो जाता है।

तो कैथार्सिस इसका पहला हिस्सा है, जिसमें इसको निकालना है। इसलिए मैं शरीर के खड़े होने के पक्ष में हूँ, क्योंकि तब शरीर की जरा-सी भी गति तुम्हें पता चलेगी और तुम गति कर पाओगे, तुम पूरे मुक्त हो जाओगे। इसलिए मैं साधक के पक्ष में हूँ कि जब वह अपने कमरे में प्रयोग करता हो तो कमरा बंद रखे-न केवल खड़ा हो, बल्कि नग्न भी हो, क्योंकि वस्त्र भी उसको न रोकने वाले बनें। वह सब तरह से स्वतंत्र हो, गति करने को। जरा-सी गति और उसके सारे व्यक्तित्व में कहीं कोई अवरोध न हो, जो उसे रोक रहा हो तो बहुत शीघ्रता से ध्यान में गति हो जाएगी और जो हठयोग और दूसरे योगों ने जन्मों में किया था, वर्षों में किया था, वह इस ध्यान के प्रयोग से दिनों में हो सकता है।

दूसरे चरण में मनोग्रन्थियों का विसर्जन

दूसरे चरण में शरीर को छोड़ देने के लिए मैं कहता हूँ। श्वास गहरी ही रहेगी। शरीर को इसलिए छोड़ देने को कहता हूँ कि उसके तो बहुत से इंप्लीकेशंस हैं, दो-तीन की बात आपसे करूंगा।

पहली तो बात यह है कि शरीर में हजारों तनाव इकट्ठे आपने कर रखे हैं, जिनका आपको पता ही नहीं है। सभ्यता ने हमें इतना असहज किया है कि जब आपको किसी पर क्रोध आता है तब भी आप मुस्कराते रहते हैं। शरीर को कुछ पता नहीं है, शरीर तो कहता है कि गर्दन दबा दो इसकी, मुट्ठियां बंधती हैं, लेकिन आप मुस्कराते रहते हैं, मुट्ठी नहीं बांधते तो शरीर के जो स्नायु मुट्ठी बांधने के लिए तैयार हो गए थे, वे बड़ी मुश्किल में पड़ जाते हैं। उन्हें पता ही नहीं चलता कि क्या हो रहा है। मुट्ठी बंधनी चाहिए थी। अभी जो लोग क्रोध के संबंध को बहुत गहराई से समझते हैं, वे कहेंगे, मैं आपसे कहूंगा, अगर आपको क्रोध आए तो बजाय इसके कि आप झूठे मुस्कराते रहें, टेबल के नीचे जोर से पांच मिनट मुट्ठियां बांधे व छोड़ें और तब आपको जो हंसी आएगी, वह और तरह की होगी।

शरीर को कुछ भी पता नहीं कि आदमी सभ्य हो गया है। शरीर का सारा काम तो बिल्कुल यंत्रवत है, लेकिन आदमी ने सब पर रोक लगा दी है। उस रोक के कारण शरीर में हजारों तनाव इकट्ठे हो गए हैं और जब बहुत तनाव इकट्ठे हो जाते हैं, तो काम्पलेक्स पैदा होते हैं, ग्रन्थियां पैदा होती हैं जब मैं आपसे कहता हूँ, शरीर को पूरी तरह छोड़ दें तो आपकी हजारों ग्रन्थियां जो आपने बचपन से इकट्ठी की हैं, वे सब बिखरनी शुरू होती हैं, पिघलनी शुरू होती हैं। उनका पिघल जाना जरूरी है अन्यथा आप कभी भी बॉडीलेसनेस, देहातीत न हो पाएंगे। देह जब फूल की तरह हल्की हो जाएगी, सब ग्रन्थियों से मुक्त...।

महावीर का एक नाम शायद आपने सुना हो। महावीर का एक नाम है, 'निर्ग्रंथ', नाम बड़ा अद्‌भुत है। उसका मतलब है, काम्पलेक्स-लेस। निर्ग्रंथ का मतलब है, जिसकी सारी ग्रंथियां और गांठें खो गईं, जिसमें अब कोई गांठ नहीं भीतर, जो बिल्कुल सरल हो गया, निर्दोष हो गया।

तो यह शरीर की जो ग्रन्थियों का जाल है हमारे भीतर, वह मुक्त होना चाहे तो आप छोड़ते नहीं। आपकी सभ्यता, शिष्टता, संस्कार, संकोच, किसी का स्त्री होना, किसी का बड़े पद पर होना, किसी का कुछ, किसी का कुछ होना, वह इतनी बुरी तरह से जकड़े हुए है कि वह छोड़ता ही नहीं।

अब आज एक महिला ने मुझे आकर कहा कि उसे यही डर लगा रहता है कि किसी का हाथ उसको न लग जाए तो वह बेचारी दूर जाकर बैठी होगी आज। मगर कोई दो-चार करवट लेकर उसके पास पहुंच गया तो उसका फिर गड़बड़ हो गया। वह मुझे पूछने आई थी कि क्या मैं और बहुत दूर जाकर बैठूं।

मैंने कहा, भेजनेवाला वहां भी भेज सकता है किसी को। वह अच्छा ही है कि कोई आता ही है। वहां भी आ जाएगा कोई। तुम जहां बैठती हो, वहीं बैठो। किसी का हाथ लग जाएगा तो क्या हो जाएगा?

स्त्रियों की हालत ऐसी है कि परमात्मा भी मिले तो वे ऐसे साड़ी बचाकर निकल जाएंगी। वह भी कहीं छू न जाए। उनकी सारी की सारी बॉडी, स्त्रियों का तो पूरी शरीर ग्रन्थि-ग्रस्त है। बचपन से उसका सारा प्रशिक्षण ऐसा है कि शरीर उनका एक रोग है। शरीर स्त्रियां ढो रही हैं, शरीर में जी नहीं रहीं। वह एक खोल है जिसको पूरे वक्त सुरक्षित रखतीं और ढोए चली जा रही हैं और कुछ भी बचाने जैसा नहीं है उसमें। तो यह छोटा-छोटा आग्रह हमारा बहुत कुछ रोक...।

अब कोई बहुत पढ़े-लिखे हैं तो अब उनको ऐसा लगता है...कोई आज मुझसे एक सज्जन कह रहे थे कि यह इमोशनल लोगों को हो जाता होगा, भावुक लोगों को इंटेलेक्चुअल को कैसे होगा?

अब कोई दो-चार क्लास पढ़ गया तो वह इंटेलेक्चुअल हो गया। उसकी मां मरेगी तो वह रोएगा कि नहीं? उसका किसी से प्रेम होगा कि नहीं होगा? वह इंटेलेक्यचुअल हो गया! वह चार क्लास पढ़ गया, उसने यूनिवर्सिटी से सर्टिफिकेट ले लिया है तो अब वह प्रेम करेगा तो ये सोचकर कि चुंबन लेना है कि नहीं, कितने कीटाणु ट्रांसफर हो जाते हैं! वह किताब पढ़ेगा, वह जाकर हिसाब-किताब लगाएगा कि इमोशनल होना है कि नहीं होना।

इंटलेक्ट भी बीमारी की तरह हो गई है। इंटलेक्ट कुछ हमारा सौरभ नहीं बन पाई है। बुद्धि हमारी कोई गरिमा नहीं बनी है, रोग बन गई है। कोई सोचता है कि हम इंटेलेक्चुअल हैं, हम बुद्धिवादी हैं, यह हमको नहीं हो सकता। यह तो उनको हो रहा है जो जरा भावुक हैं।

-ओशो

जिन खोजा तिन पाईया

दूसरा जो प्रयोग है दस मिनट का, वह शरीर को डोलने, नाचने या शरीर को जो भी करना है उसे करने की पूरी छूट देने का है। उसके परिणाम कैथार्टिक हैं।

हमने अपने शरीर में न मालूम कितने तरह के दमन इकट्ठे कर रखे हैं। मन में भी बहुत तरह के सप्रेशंस एकत्रित कर रखे हैं। जो व्यक्ति ध्यान में जाना चाहता है, उसे पहले इन दमनों से मुक्त हो जाना जरूरी है। क्रोध

आया है, हम क्रोध को पी गए हैं। वासना आई है, हमने वासना को दबा लिया है। चिंता आई है, हम चिंता को पीकर सो गए हैं। हमने न मालूम कितना मन में छिपा लिया है। जब रोना चाहा है तो रोए नहीं, हंसना चाहा है तो हंसे नहीं, चिल्लाना चाहा है तो चिल्लाए नहीं, नाचना चाहा है तो नाचे नहीं। वह सब हमने दबाया हुआ है। मन और शरीर दोनों में हजारों तरह के दमन इकट्ठे हो गए हैं। जब तक वे दमन न गिर जाएं तो मन इतना हल्का नहीं हो सकता कि उड़ान भर सके।

इसलिए दूसरे दस मिनट में शरीर के साथ पूरी-की-पूरी स्वतंत्रता और सहयोग करना है। शरीर नाचना चाहे तो उसे पूरी तरह नाचने देना है, चिल्लाना चाहे तो चिल्लाने देना है, रोना चाहे तो रोने देना है। शरीर जो भी करना चाहे, सिर्फ अपने शरीर के साथ, दूसरे शरीर के साथ नहीं-अपने शरीर के साथ जो भी करना चाहे, उसे पूरी स्वतंत्रता और सहयोग देना है।

कोई साठ प्रतिशत लोग अचानक अपने भीतर बहुत कुछ होता हुआ पाएंगे। जिन मित्रों को ऐसा लगे कि उनके भीतर तो कुछ भी नहीं हो रहा है, तो उनसे मैं कहूंगा कि वे आज कम-से-कम-जिनको अपने आप हो जाएगा उनका प्रश्न नहीं है, अधिक लोगों को अपने आप हो जाएगा-जिनको लगे कि उनको अपने आप नहीं हो रहा है, तो उसका कुल कारण इतना ही है कि वे इनहीबीशंस में, अपने दमन में इतने मजबूत हैं कि बीच की परत इन्हें भीतर तक नहीं पहुंचने दे रही है तो उनसे मैं कहूंगा कि वे इसकी फिक्र न करें, उनको न हो रहा हो तब भी जो उनसे बन सके वे दस मिनट करें। अगर उनसे नाचते बन सके तो वे नाचते रहें। कोई विधि, व्यवस्था और गति की बात नहीं है। उनसे चिल्लाते बन सके तो वे चिल्लाते रहें। कल ही वे पाएंगे कि उनकी धारा टूट गई और स्टांटेनियस उनके भीतर से प्रवाह शुरू हो गया।

इस दस मिनट के बहुत गहरे परिणाम हैं। दस मिनट के नाचने, चिल्लाने, डोलने, रोने-हंसने के बाद आप इतने हल्के हो जाएंगे जैसे शायद आप जीवन में कभी भी नहीं हुए। पहले चरण में आपके शरीर में जो विद्युत जगेगी, वह नाचने में, चिल्लाने में, रोने में, हंसने में आपको सहयोग देगी और आपको भी अपनी तरफ से को-ऑपरेट करना है और जो भी आपके भीतर हो उसको पूरी तरह से होने देना है। अगर आपका हाथ इतना हिल रहा है तो आप उसे और पूरी तरह हिला दें कि हाथ के भीतर जो भी वेग दमित हैं, वे निष्कासित हो

जाएं, उनकी निर्जरा हो जाए। इस प्रयोग से चार दिन में इतना हो सकेगा जो कि चार वर्ष में किसी साधारण प्रयोग से नहीं हो सकता।

दूसरे चरण के बाद आपका शरीर वेटलेस मालूम होगा जैसे बिल्कुल हल्का हो गया है, जैसे उड़ सकता है। दोहरी बात मालूम होगी। पहले चरण के बाद शरीर शक्ति से भरा हुआ मालूम होगा। दूसरे चरण के बाद शक्ति पूरी मालूम होगी, लेकिन शरीर एकदम वेटलेस और हल्का हो गया होगा। दूसरे चरण के बाद आपको स्पष्ट ऐसा लगना शुरू हो जाएगा कि शरीर नहीं है, बल्कि सिर्फ एनर्जी है, सिर्फ ऊर्जा है, सिर्फ शक्ति है।

इस दूसरे चरण में जिसका भी प्रयोग पूरा हो जाएगा, उसको एक हैरानी का अनुभव होगा और वह होगा कि उसे पहले दफे मालूम पड़ना शुरू होगा कि शरीर अलग है और मैं अलग हूँ। अगर आपने अपने शरीर को पूरा छोड़ दिया तो आपकी आइडंटिटी टूट जाएगी। यह आज भी हो जाएगा। सिर्फ सवाल इतना है कि आप उसको पूरा को-ऑपरेट करें। आप अपनी तरफ से रोकें न! आप ये न सोचें कि मैं नाचूंगा तो कोई क्या कहेगा! मैं चिल्लाऊंगा तो कोई क्या कहेगा! जो आपके भीतर हो रहा है, उसे बिल्कुल सबकी फिक्र छोड़कर हो जाने दें। तो आप दस मिनट के भीतर, जो निरंतर सुना है, पढ़ा है कि शरीर और मैं अलग हूँ वह आपके अनुभव का हिस्सा बन जाएगा। नाचता हुआ शरीर आपको अलग दिखाई पड़ने लगेगा, आप साक्षी हो जाएंगे कि शरीर नाच रहा है, आप साक्षी हो जाएंगे कि शरीर रो रहा है। आप बहुत साफ देख सकेंगे कि कोई और हंस रहा है और मैं देख रहा हूँ। वह प्रतीति ध्यान की गहराई में ले जाने के लिए अनिवार्य द्वार है। इसके बिना कोई ध्यान में नहीं जा सकता।

कैथार्सिस में दो बातें हैं। एक तो जो मुझमें भरा है, पुराना दबाया हुआ है, उसको मुक्त करना है, उसका रेचन करना है। अब यह जो पुराना दबाया हुआ है, अगर किसी के ऊपर इसका रेचन किया जाए तो उपद्रव शुरू हो जाएंगे। अगर मेरे भीतर दबाए हुए क्रोध की एक मात्रा है, वह अगर मैं आप पर निकालूं तो आप बैठे तो नहीं रहेंगे, आप भी जवाब देंगे, आप भी मेरे जैसे आदमी हैं। आप भी लकड़ी लेकर खड़े हो जाएंगे तो मैं जितना निकालूंगा, उतना फिर उससे दुगना आप पैदा करवा देंगे। फिर उसे दबाना पड़ेगा, क्योंकि सिलसिला कहीं तो तोड़ना पड़ेगा, फिर दबा लूंगा। तो किसी पर निकालने से तो रेचन कभी नहीं हो सकता। किसी पर तो हम निकालते ही रहे हैं और रेचन नहीं हुआ है।

इसलिए कैथार्सिस इनवैक्यूम है, कैथार्सिस अनडायरेक्टेड है। इसकी जरूरत है कि मैं निकालूं क्रोध, लेकिन किसी पर नहीं, हवा में निकालूंगा। खालीपन में निकालूंगा, जिसमें कि लौटती प्रतिक्रिया न हो उसकी। तो जो लौटती प्रतिक्रिया अगर न हो तो मैं नया अर्जन न करूं और एक दूसरी घटना घटेगी, अगर हवा में मेरा क्रोध निकल जाए, तो साधारणत: आपको पागलपन मालूम पड़ेगा, इसलिए मास मेडिटेशन पर मेरा जोर है शुरू में। अकेले में आप बिल्कुल पागल मालूम पड़ेंगे। अकेले में आपको लगेगा, मैं यह क्या कर रहा हूँ और बड़े मजे की बात है कि अगर दो सौ लोग वही कर रहे हैं तो फिर आप पागल नहीं मालूम पड़ेंगे, क्योंकि आपको लग रहा है कि मैं ही नहीं कर रहा हूँ, ये एक सौ निन्यानवे लोग और कर रहे हैं।

तो इसलिए मेरा जोर है कि यह जो कैथार्सिस है, आप अकेले में उसे नहीं कर पाएंगे, कर सकें तो अच्छा है। मुझे कोई एतराज नहीं है कि अकेले में कोई कर सके, लेकिन कर नहीं पाएगा। अकेले में उसे खुद ही लगेगा कि मैं घूंसा किसको मार रहा हूँ क्योंकि हमारी सदा की आदत जो है, वह किसी को घूंसा मारने की है। हवा में घूंसा मारने से हम पागल मालूम पड़ेंगे कि यह क्या पागलपन कर रहे हैं। हवा में घूंसा हमने सिर्फ पागलों को मारते देखा है। हवा में चिल्लाते सिर्फ पागलों को देखा है। नहीं कोई मौजूद है, बोलते सिर्फ पागलों को देखा है। हम तो सब समझदार, कोई हो तो बोलते हैं। कोई हो तो घूंसा मारते हैं, कोई हो तो क्षमा मांगते हैं, कोई हो तो चिल्लाते हैं, कोई कारण हो तो हम बोलते हैं, कोई कारण हो तो हम हंसते हैं।

अकारण तो हम कुछ भी नहीं करते। अगर ठीक से समझें, तो अकारण करने वाले आदमी को हम पागल कहते हैं। इसलिए एक आदमी बैठा है यहां, अचानक यह हंसने लगे खिल-खिलाकर, तो हम कहेंगे पागल है, क्योंकि हमने कोई बात भी न की थी। अभी तो कोई चर्चा न थी। चर्चा हो, खूंटी हो टांगने को तो फिर हंसे, तो हम कहेंगे चलेगा। इसलिए कैथार्सिस जो है, वह मेरी दृष्टि में समूह में ही शुरू की जा सकती है। इतनी हिम्मत वाले बहुत कम लोग हैं कि वे अकेले में कैथार्सिस कर सकें और अकेले में किसी-न-किसी तरह का रेसिस्टेंस बना ही रहेगा। क्योंकि अकेले ही आप और आपको पूरे वक्त यह ख्याल बना ही रहेगा कि जो मैं कर रहा हूँ यह क्या कर रहा हूँ, कोई पागलपन तो नहीं कर रहा हूँ।

कैथार्सिस का मतलब है, जो हमने सदा ऑब्जेक्ट के साथ किया है, कारण था, अब उसे हम अकारण कर रहे हैं दिशाहीन तो इसके लिए एक बड़ा ग्रुप हो तो आसान हो जाएगा।

दूसरी बात कि अगर यह हमने अकारण किया, तो जो क्रोध सदा कारण से चलता था, वह बंधी हुई नहर से बहता था। बंधी हुई नहर सदा एक दिशा में होती है। अब यह अकारण है, ओवर-फ्लो होगा। अनडायरेक्टड होने की वजह से इसकी कोई चैनेलाइजेशन नहीं होगी। क्योंकि आप पर अगर मुझे क्रोध हो, लेकिन हमें किसी पर क्रोध नहीं करना है इसलिए डायमेंशनलेस होगा और कैथार्सिस जो है वह डायमेंशनलेस ही हो सकती है। अगर इसमें डायमेंशन है तो फिर कैथार्सिस नहीं हो सकता। यह ओवर-फ्लो होगा। यह बाढ़ की तरह होगा जो किनारे तोड़ देगा। किनारे टूट जाने जरूरी हैं तभी आप पूरे खाली हो सकते हैं। क्योंकि इतना क्रोध है जन्मों-जन्मों का, इतनी वासना है, इतना काम है, वह सब इकट्ठा। वह पूरा कर देना चाहिए।

आंतरिक अराजकता को बाहर निकालें

पहली बात : हजारों जन्मों से तुम अराजकता में रहते रहे हो। यह कोई नई बात नहीं है। यह पुरानी बात है। दूसरी बात : ध्यान की सक्रिय विधियां जिनका कि आधार रेचन है, तुम्हारे भीतर की अराजकता को बाहर निकल आने देती हैं। इन विधियों का यही सौंदर्य है। तुम चुपचाप नहीं बैठ सकते, तो भी तुम सक्रिय या अव्यवस्थित ध्यान बहुत आसानी से कर सकते हो। एक बार अराजकता बाहर निकाल दी जाती है तो तुममें एक मौन घटना शुरू होता है। फिर तुम मौनपूर्ण ढंग से बैठ सकते हो। यदि ध्यान की रेचन विधियां ठीक से की गई हों, निरंतर की गई हों तो वे तुम्हारी अराजकता को एकदम विसर्जित कर देंगी बाहरी आकाश में। तुम्हें पागल अवस्था से गुजरने की जरूरत न रहेगी। यही तो इन विधियों का सौंदर्य होता है। पागलपन तो पहले से ही बाहर फेंका जा रहा होता है। वह विधि में ही अंतर्गठित होता है।

पतंजलि के पास कोई रेचन विधि नहीं है जैसे पतंजलि सुझाएंगे, तुम वैसे शांत नहीं बैठ सकते। पतंजलि के पास कोई रेचन विधि नहीं है। ऐसा लगता है कि उसकी कोई जरूरत ही न थी, उनके समय में। लोग स्वभावतया ही बहुत मौन थे, शांत थे, आदिम थे, मन अभी भी बहुत ज्यादा क्रियाशील नहीं

हुआ था, लोग ठीक से सोते थे, पशुओं की भांति जीते थे, वे बहुत सोच-विचार वाले तार्किक, बौद्धिक न थे। वे हृदय में केन्द्रस्थ थे जैसे कि अभी भी असभ्य लोग होते हैं और जीवन ऐसा था कि वह बहुत सारे रेचन स्वचालित रूप से घटने देता था।

उदाहरण के लिए, एक लकड़हारे को किसी रेचन की कोई जरूरत नहीं होती क्योंकि लकड़ियां काटने भर से ही, उसकी सारी हत्यारी वृत्तियां बाहर निकल जाती हैं। लकड़ी काटना पेड़ की हत्या करने जैसा ही है। पत्थर तोड़ने वाले को रेचनपूर्ण ध्यान करने की कोई जरूरत नहीं होती। सारा दिन वह यही कर रहा होता है, लेकिन आधुनिक व्यक्ति के लिए चीजें बदल गई हैं। अब तुम इतनी सुख-सुविधा में रहते हो कि तुम्हारे जीवन में रेचन की कोई संभावना नहीं है, सिवाय इसके कि तुम पागल ढंग से ड्राइव कर सको।

कार दुर्घटनाएं : रेचन का उपाय

इसीलिए पश्चिम में हर साल किसी और चीज की अपेक्षा कार दुर्घटनाओं द्वारा ज्यादा लोग मरते हैं। वही है सबसे बड़ा रोग। न तो कैंसर, न ही तपेदिक और न ही कोई और रोग, इतनी मृत्यु देता है जिन्दगियों को, जितना कि कार चलाना। दूसरे विश्वयुद्ध में, एक वर्ष में लाखों व्यक्ति मर गए थे, लेकिन सारी पृथ्वी पर हर साल इससे ज्यादा लोग मरते हैं पागल कार ड्राइवरों द्वारा।

यदि तुम कार चलाते हो तो तुमने ध्यान दिया होगा कि जब तुम क्रोधित होते हो तब तुम कार स्पीड से चलाते हो। तुम एक्सेलेरेटर को दबाते जाते हो, तुम बिल्कुल भूल जाते हो ब्रेक के बारे में। जब तुम बहुत घृणा में जीते हो, चिढ़ जाते हो तब कार एक माध्यम बन जाती है अभिव्यक्ति का, अन्यथा तुम इतने आराम में रहते हो। किसी चीज के लिए शरीर द्वारा कम-से-कम काम लेते हो, मन में ही ज्यादा-और-ज्यादा रहते हो।

मस्तिष्क का अत्यधिक उपयोग

वे जो मस्तिष्क के ज्यादा गहरे केंद्रों के बारे में जानते हैं, कहते हैं कि जो लोग अपने हाथों द्वारा कार्य करते हैं उनमें कम चिंता होती है, कम तनाव होता है। तब तुम ठीक से सोते हो क्योंकि तुम्हारे हाथ संबंधित हैं गहनतम मन से, मस्तिष्क के गहनतम केंद्र से। तुम्हारा दायां हाथ संबंधित है दाएं मस्तिष्क से। जब तुम काम करते हो हाथों द्वारा, तब ऊर्जा मस्तिष्क से हाथों तक बह

रही होती है और निर्मुक्त हो रही होती है। लोग जो अपने हाथों द्वारा कार्य करते हैं उन्हें रेचन की जरूरत नहीं होती है, लेकिन जो लोग मस्तिष्क द्वारा कार्य करते हैं, उन्हें ज्यादा रेचन की जरूरत होती है क्योंकि वे ज्यादा ऊर्जा इकट्ठी कर लेते हैं और उनके शरीर में कोई मार्ग नहीं होता, उसके बाहर जाने के लिए कोई द्वार नहीं होता। वह मन के भीतर ही चलती चली जाती है और मन पागल हो जाता है।

लेकिन हमारी संस्कृति-समाज में, ऑफिस में, फैक्टरी में, बाजार में लोग जो सिर के द्वारा यानी 'हेड' के द्वारा कार्य करते हैं 'हेड्ज' कहलाते हैं जैसे हेड-क्लर्क या हेड-सुपरिटेंडेंट। जो लोग हाथों द्वारा कार्य करते हैं, वे 'हेंड्ज' कहलाते हैं। यह बात निंदात्मक हो जाती है। यह हेड्ज शब्द ही निंदात्मक बन गया है।

जब पतंजलि कार्य कर रहे थे इन सूत्रों पर तो संसार पूर्णतया अलग था। लोग थे 'हेंड्ज'। विशेष रूप से रेचन की कोई जरूरत नहीं थी। जीवन स्वयं ही एक रेचन था। तब वे बड़ी आसानी से शांत होकर बैठ सकते थे, लेकिन तुम नहीं बैठ सकते।

-ओशो

केनोपनिषद्

तीव्र श्वास : पहला चरण

पहला चरण रेचन का

पहला चरण, जो कि पूरे समय जारी रहेगा, श्वास गहरी और तीव्रता से लेने का है। गहरा भी लेना है, डीप भी और तीव्रता से भी, फास्ट भी। जितनी गहरी जा सके उतनी गहरी लेनी है और जितनी तेजी से यह लेने और छोड़ने का काम हो सके, यह करना है। क्यों, श्वास से क्या होगा?

श्वास मनुष्य के जीवन में सर्वाधिक रहस्यपूर्ण तत्त्व है। श्वास सेतु के ही माध्यम से आत्मा और शरीर जुड़े हैं। इसलिए जब तक श्वास चलती है, हम कहते हैं, आदमी जीवित है। श्वास गई और आदमी गया।

श्वास हमारी आत्मा और शरीर को जोड़ने वाला सेतु है। श्वास को जब आप बहुत तीव्रता में लेते हैं और बहुत गहराई में लेते हैं तो शरीर ही नहीं कंपता, भीतर के आत्म तंतु भी कंप जाते हैं जैसे एक बोतल रखी है। उसमें बहुत दिनों से कोई चीज भरी रखी है। कभी किसी ने हिलाई नहीं तो ऐसा

पता नहीं चलता कि बोतल और भीतर भरी चीजें दो हैं। बहुत दिनों से रखी हैं, मालूम होता है एक ही है, बोतल हिला दें जोर से, बोतल हिलती है भीतर की चीज हिलती है, बोतल और भीतर की चीज के पृथक होने का स्पष्टीकरण होता है। तो जब श्वास को आप समग्र गति से लेते हैं तो एक झंझावत पैदा होता है, जो शरीर को कंपा जाता है और भीतर आत्मा के तंतुओं को भी कंपा जाता है।

उस कंपन के क्षण में भी अहसास होता है दोनों के पृथक होने का।

दूसरा चरण : कैथार्सिस

दूसरे चरण में, हम सारे दमित भावों को उघाड़ने की कोशिश कर रहे हैं। यदि तुमने वास्तव में ही गहरी व अराजकतापूर्ण श्वास ली है तो दमित भाव सरलता से ऊपर आ जाएंगे। वे अपने आप ऊपर आने लगेंगे और तुम्हें कुछ भी नहीं करना पड़ेगा। दूसरा चरण अपने आप आ जाएगा, यदि पहला चरण सही रूप में किया गया है। यदि तुमने पहले चरण में कोई प्रतिरोध नहीं किया है तो दूसरा स्वतः अनुकरण करता हुआ जाग जाएगा। दूसरे चरण में, हम भावों को बाहर निकालने की कोशिश कर रहे हैं; उन्हें बाहर अभिव्यक्त कर देना है; उन्हें बाहर फेंक देना है।

जब तुम किसी पर क्रोधित होते हो तो तुम उस पर अपना क्रोध फेंकते हो, तब तुम एक श्रृंखलाबद्ध प्रतिक्रिया उत्पन्न करते हो। फिर वह भी क्रोध करेगा और यह कई जीवनों तक चलेगा और तुम दुश्मनी करते चले जाओगे। इसे तुम सदियों तक चला सकते हो। इसका कभी अंत नहीं होगा। यह कहां खत्म होगा? केवल एक ही संभावना है, तुम उसे ध्यान में समाप्त कर दो, न कि कहीं और। क्योंकि ध्यान में तुम किसी और पर क्रोध नहीं कर रहे हो, तुम सिर्फ क्रोध कर रहे हो।

स्मरण रहे, यह बहुत आधारभूत भेद है। तुम किसी और पर क्रोध नहीं कर रहे हो। तुम सिर्फ क्रोधित हो और क्रोध समष्टि में निकल रहा है। तुम किसी के प्रति घृणा नहीं कर रहे हो। यदि घृणा का भाव आता है तो तुम सिर्फ घृणा कर रहे हो और घृणा बाहर निकलती जा रही है। ध्यान में भाव किसी से संबंधित नहीं किए जा रहे हैं, वे असंबंधित हैं। वे आकाश में चले जाते हैं और आकाश हर चीज को शुद्ध कर देता है।

स्मरण रहे कि यह ऐसे ही है जैसे कोई गंदी नदी सागर में गिरती है। सागर उसे शुद्ध कर देता है। जब कभी तुम्हारा क्रोध, तुम्हारी घृणा, तुम्हारी कामुकता

समष्टि में जाती है, सागर में गिरती है तो वह उसे शुद्ध कर देता है। जब कभी कोई गंदी नदी दूसरी नदी में गिरती है जो वह उसे भी गंदा कर देती है। जब तुम किसी और पर क्रोध करते हो तो तुम उस पर अपनी गंदगी फेंक देते हो। फिर वह भी अपनी गंदगी तुम पर फेंकेगा और यह एक-दूसरे को गंदा करने की प्रक्रिया हो जाएगी।

ध्यान में तुम स्वयं को आकाश में फेंक रहे हो ताकि शुद्ध हो सको। जितनी भी ऊर्जा तुम फेंकते तो वह सब की सब शुद्ध हो जाती है। आकाश इतना विराट है, वह इतना बड़ा सागर है कि तुम उसे गंदा नहीं कर सकते। ध्यान में, हम लोगों से संबंधित नहीं होते हैं। ध्यान में हम सीधे समष्टि से संबंधित होते हैं।

दूसरे चरण में, हम भावों को बाहर फेंकते हैं। यह एक कैथार्सिस है, निर्जरा है।

-ओशो
केनोपनिषद

दूसरा चरण कैथार्सिस का, रेचन का है। जैसे ही शरीर की शक्ति जग जाएगी और कुंडलिनी पर आघात शुरू होंगे और आपको शरीर का बोध मिट जाएगा, प्राण का बोध रह जाएगा और सारा शरीर बिजली के दौड़ते हुए कंपन का प्रवाह मात्र बन जाएगा, वैसे ही आपके शरीर में बहुत-सी घटनाएं घटनी शुरू हो जाएंगी। जरूरत है कि आप उन्हें रोके नहीं, बल्कि सहयोग करें। दूसरे चरण में शरीर जो भी करना चाहे, मन जो भी करना चाहे, उसको सहयोग देना है, रोकना नहीं है, को-ऑपरेट करना है।

चार तरह की घटनाएं आमतौर से घटेंगी या इनके मिश्रण घटित होंगे या शरीर नाचने लगे तो पूरी ताकत लगा देनी है नाचने में। फिर पीछे नहीं रुकना है, फिर खड़े नहीं रहना है। पूरी शक्ति नाचने में लगा देनी है या शरीर चीखने-चिल्लाने लगेगा तो चीखने-चिल्लाने में पूरी शक्ति लगा देनी है या हंसने लगेगा तो हंसने में पूरी शक्ति लगा देनी है या रोने लगेगा तो रोने में पूरी शक्ति लगा देनी है। ये चार मोटी बातें मैंने आपसे कहीं। इन चारों के मिश्रण भी घटित हो सकते हैं, जो भी हो उसे पूरी तरह करना चाहिए।

कोई सत्तर से लेकर अस्सी प्रतिशत लोगों को अपने आप शुरू हो जाएगा। सिर्फ उन्हें रोकना नहीं है। ये जो सत्तर-अस्सी प्रतिशत लोग हैं, ये वे लोग

हैं, जिन्होंने या तो अपने पिछले जन्मों में या इस जन्म में, ध्यान की दिशा में कोई भी, कभी भी काम किया है या वे लोग हैं जिन्होंने काम तो नहीं किया, लेकिन जिनकी अभीप्सा बहुत ज्वलंत है; जिनकी आकांक्षा बड़ी गहरी है; जिनकी लगन बहुत गहरी है; जो ध्यान के संबंध में सिर्फ जिज्ञासु नहीं है बल्कि ध्यान के संबंध में दांव लगाने की जिनकी उत्सुकता है या वे लोग होंगे जिनका संकल्प, जिनका विल पावर बहुत तीव्र है ये वे लोग होंगे जिन्होंने किसी भी मार्ग से, किसी भी ध्यान की पद्धति से, किसी भी प्रार्थना, उपासना, पूजा से अपने भीतर एक आध्यात्मिक स्थिति की शुरुआत कर ली है। ये सत्तर-अस्सी प्रतिशत लोग, जिनकी कोई भी आध्यात्मिक स्थिति है, तत्काल दूसरे चरण में प्रवेश कर जाएंगे।

जो बीस-बीस प्रतिशत लोग बच जाएंगे, इनमें तीन-चार तरह के लोग होंगे। एक तो वे लोग होंगे, जिनके पास संकल्प की कोई भी स्थिति नहीं है, लेकिन संकल्प जगाया जा सकता है। ये वे लोग होंगे, जो दूसरों से बहुत भयभीत हैं, पब्लिक ओपिनियन का जिन्हें बहुत भय है, जो बहुत भीरू हैं, जो इससे डरेंगे कि कोई क्या कहेगा, लेकिन दूसरों का डर छोड़ा जा सकता है। ये वे लोग होंगे, जो सदा ही सप्रेसिव रहे हैं, जिन्होंने अपने जीवन में न तो कभी खुलकर हंसा है, न कभी खुल कर रोए हैं, न कभी नाचे हैं, न कभी चिल्लाए हैं। जिन्होंने जिन्दगी में कभी कोई चीज समग्रता से नहीं की, सब रोक-रोक कर जिए हैं, लेकिन यह रुकावट छोड़ी जा सकती है या वे लोग होंगे, जिनके भीतर घटना तो घट रही है, लेकिन जो को-ऑपरेट करने का सहयोग करने का साहस नहीं जुटा पा रहे हैं, करेज नहीं जुटा पा रहे हैं, लेकिन साहस जुटाया जा सकता है।

इन तीस प्रतिशत लोगों में, जो मैंने चार बातें कहीं, अगर इनका ध्यान रखा तो करीब-करीब बीस प्रतिशत लोग दूसरे चरण में प्रवेश कर जाएंगे। पांच या दस प्रतिशत लोग फिर भी शेष रह जाएंगे, जिनके कि जाल बहुत गहरे हैं। इनके लिए मैं सुझाव देना चाहता हूँ कि अगर आपको ऐसा लगे कि आप उन दस प्रतिशत लोगों में से हैं जिनको कुछ भी नहीं हो रहा, तो चार चीजों में से कोई भी एक चीज आप अपनी तरफ से शुरू कर दें। आज आप शुरू करेंगे, कल वह अपने आप शुरू हो जाएगी। धारा टूट जाए एक बार, झरना फूट जाए एक बार, तो फिर बहना शुरू हो जाता है, लेकिन मैं चाहूंगा कि कोई भी व्यक्ति दूसरे चरण में रुका न रह जाए।

तीसरा चरण

दस मिनट के बाद संगीत बदल जाएगा। तीसरे चरण के दस मिनट तक दोनों हाथ ऊपर उठाकर उछलते हुए 'हू' महामंत्र की चोट नाभि केन्द्र पर करेंगे, नाभि केन्द्र पर सोई ऊर्जा को जगाने के लिए। हर बार जब आप नीचे आते हैं तब पैर के तलवे और एड़ी को धीमे से जमीन को छूने दें जैसा कि पहले चरण में बताया था कि दो श्वासों के बीच अन्तराल न हो ऐसे ही दो 'हू' की चोट में भी अन्तराल न हो। जितनी तेज व गहरी हू की चोट नाभि केन्द्र पर करेंगे, सोई ऊर्जा जागेगी। नाभि केन्द्र सक्रिय होगा, मूलाधार यानि कामकेन्द्र पर सोई कुण्डलिनी जागृत हो ऊर्जा, नाभि केन्द्र पर आएगी। कुण्डलिनी जगाने का सरल व सुगम मार्ग है, तेज व गहरी नाभि केन्द्र पर हू की चोट करना।

ओशो देशना

एक मित्र ने प्रश्न पूछा है–

सक्रिय-ध्यान के प्रयोग में 'हू' महामन्त्र का उपयोग हम करते हैं, इस्लाम के अनुयायी मानते हैं कि इस मन्त्र का उपयोग करने से सब-कुछ फना (नष्ट) हो जाता है। अतः वे लोग शहर में 'हू' की ध्वनि करने के पक्ष में नहीं हैं, इस सम्बन्ध में कुछ कहें।

बात तो सच है कि यह मंत्र है तो फना होने के लिए, समाप्त हो जाने के लिए, मिट जाने के लिए, लेकिन यह मिट जाना 'और बड़े' हो जाने का उपाय है।

सूफियों ने इस मंत्र का प्रयोग किया है। यह अल्लाह का आखिरी हिस्सा है। सूफी साधक अल्लाह से शुरू करता है–'अल्लाह, अल्लाह, अल्लाह' की गूंज उठाता है। जैसे-जैसे यह गूंज सघन होती जाती है, अल्लाह का रूप 'अल्लाहू, अल्लाहू हो जाता है–अपने आप हो जाता है। अगर आप जोर से,

तेजी से भीतर चिल्लाएंगे: 'अल्लाह-अल्लाह-अल्लाह' तो धीरे-धीरे आप पाएंगे कि वह 'अल्लाहू-अल्लाहू-अल्लाहू' होता जा रहा है। यह सब अपने-आप हो जाता है, इसको करना नहीं पड़ता है। जब यह गूंज और तीव्र होती जाती है और जब दो 'अल्लाहू' के बीच जगह नहीं छोड़ते, जरा भी जगह नहीं छोड़ते, इसमें एक 'अल्लाहू' के बीच जगह नहीं छोड़ते, जरा भी जगह नहीं छोड़ते, इसमें एक 'अल्लाहू' पर दूसरा 'अल्लाहू' चढ़ने लगता है। तब 'अल्लाहू अल्लाहू' की जगह 'लाहू, लाहू, लाहू' रह जाता है और तीव्रता जब लाते हैं और सघन करते हैं इसे, और कन्डेन्सट्ड करते हैं, तो 'ला' भी छूट जाता है और 'हू' रह जाता है। फिर अन्त में 'हू' की जगह सिर्फ हुंकार रह जाती है।

यह 'हू' मंत्र निश्चित ही फना होने के लिए है। इस मन्त्र का साधक उपयोग करता है, अपने को मिटाने के लिए, अपने को समाप्त करने के लिए यह अपने ही हाथ अपनी मौत का निमन्त्रण है, उस साधारण मौत को नहीं, जो इस शरीर की है - निमन्त्रण है उस महामृत्यु को, जो अहंकार की और मन की है, जो कि मुझे बिल्कुल मिटा देगी।

यह जिसको हम मौत कहते हैं, यह हमारे अहंकार को, हमारे मन को बिल्कुल नहीं मिटाती। सच तो यह है कि यह मिटाती ही नहीं है और यह भी सच है कि यह हमें मिटने से बचाती है। यह शरीर बिल्कुल सड़-गल जाता है, अगर हम उसमें ही रहें तो मिट जाएंगे, यह मौत हमें नया शरीर दे देती है। जैसे कि कोई आपके पुराने मकान को गिरते देखकर कहे कि इसमें आप मिट न जाओ, आपको निमंत्रण दे और कहे कि आओ मेरे नए मकान में बस जाओ। तो मौत मिटाती नहीं, सिर्फ आपके खंडहर हो गए शरीर को हटाती है और नया ज्यादा स्वस्थ, ज्यादा ताजा शरीर आपको दे देती है।

'फना' सूफियों का शब्द है, इसका मतलब है : वास्तविक मौत - वास्तविक मौत, जो सच में ही आपको मिटाती है। वह जो भीतर 'मैं' का भाव है, उसे छिन्न-भिन्न कर देती है। इस 'हू' की ध्वनि में वह राज छिपा है, जो आपके 'मैं' के भाव को तोड़ता है।

बहुत लोगों को ऐसा लगता है कि 'मैं' को एक ध्वनि कैसे तोड़ेगी! आपको पता नहीं कि 'मैं' क्या है। 'मैं' भी एक ध्वनि है। उसके विपरीत ध्वनियां भी हैं, जिनका उपयोग किया जाए तो वह विसर्जित हो जाएगी, टूट जाएगी, नष्ट हो जाएगी। हजारों साल की साधनाओं के बाद उन ध्वनियों को

खोज लिया गया है, जो 'मैं' के एन्टिडोट्स हैं। 'मैं' एक स्वर है, 'हू' भी एक स्वर है, 'हू' 'मैं' का एन्टिडोट है, विपरीत औषधि है और इसलिए डर भी पैदा होता है कि मैं मिट जाऊंगा तो घबराहट भी पैदा होती है।

नगर में 'हू' का प्रयोग करने से डरने की कोई जरूरत नहीं है। डर पैदा होता है, लेकिन डरने की कोई जरूरत नहीं है, क्योंकि नगर में जो है उन सभी चीजों को, बिना फना हुए, बिना मिटे, वास्तविक जीवन नहीं मिलेगा, लेकिन घबराहट भी ठीक है, क्योंकि आदमी अपने को बचाना चाहता है, सोचता है, कहीं कोई मिटने का उपाय न हो जाए।

आपको ख्याल न होगा...अगर एक आदमी को आप बीच में बैठा लें और बारह आदमी चारों तरफ हाथ बांधकर गोल घेरे में जोर से 'हू' का हुंकार करना शुरू करें तो वह आदमी कंपना शुरू हो जाएगा और घबराना शुरू हो जाएगा, वह ना भी करे तो भी। 'हू' भीतर एक भय पैदा करता है।

'हू' से तकलीफ हो सकती है, लेकिन जिन मित्रों को ऐसी तकलीफ होती हो, उनको स्मरण रखना है कि परमात्मा के रास्ते पर फना होने के अतिरिक्त कोई दूसरा मार्ग नहीं है। अपने को मिटाना ही होगा, अगर चाहते हो तो उसे पा लेना, जो फिर मिटना नहीं है।

मृत्यु ही अमृत का द्वार है। सहज स्वीकार से जो मृत्यु का साक्षात्कार कर लेता है, मृत्यु उसके लिए समाप्त हो जाती है। जो अपने को बचाता है, वह खोता है और जो खोता है, वह सदा के लिए बचा रहता है।

तीसरे चरण में मैं 'हू' की ध्वनि का उपयोग करता हूं। अतीत में कई ध्वनियों का प्रयोग किया गया है। प्रत्येक ध्वनि का खास असर होता है जैसे, हिन्दुओं ने ओम् की ध्वनि का प्रयोग किया है। वह तुम्हारे लिए बहुत परिचित होगी, लेकिन मैं ओम् के पक्ष में नहीं हूँ। वह हृदय से नीचे नहीं जाती। वह हृदय को स्पर्श करती है और लौट जाती है व गहरी नहीं जा सकती।

सूफियों में 'हू' का प्रयोग किया गया। जब तुम जोर से 'हू' कहते हो तो वह गहरे में काम केन्द्र पर उतरती है। तो इस ध्वनि का प्रयोग सिर्फ भीतर चोट करने के लिए किया जाता है। जब तुम खाली और रिक्त हो जाते हो तभी यह ध्वनि तुम्हारे भीतर गति कर सकती है। अगर तुम दमित कचरे से भरे हो तो कुछ नहीं होगा और कभी-कभी तो भीतर की सफाई के बगैर किसी मंत्र का प्रयोग करना खतरनाक भी होता है। क्योंकि दमन की प्रत्येक परत ध्वनि को भीतर बदल देगी और उसका अन्तिम परिणाम वह होगा जो तुमने कभी सोचा भी न होगा,

चाहा न होगा-एकदम अनपेक्षित। दमन की प्रत्येक परत ध्वनि के मार्ग को बदलती जाएगी। सब खाली हो तो ही मंत्र का प्रयोग किया जा सकता है।

पहले दो चरणों में से गुजरे बगैर 'हू' का उच्चारण कतई नहीं करना चाहिए। यदि तुम न्यूरोटिक हो, तुमने न्यूरोसिस का विसर्जन नहीं किया है तो 'हू' के उच्चारण से तुम और न्यूरोटिक हो जाओगे। तो केवल तीसरे चरण में दस मिनट तक 'हू-हू' करना है, पूरी ताकत लगाकर, जितने जोर से हो सके उतने जोर से। यह सतत चोट है। जब तुम खाली हो जाते हो 'हू' गहरे में, काम केन्द्र तक उतर जाता है।

कामकेन्द्र पर दो प्रकार से चोट की जा सकती है। पहली, प्राकृतिक ढंग से। जब भी तुम विपरीत-लिंगी व्यक्ति की ओर आकर्षित होते हो, तब काम केन्द्र पर बाहर से चोट पड़ती है। वह चोट भी एक सूक्ष्म तरंग है। स्त्री पुरुष की ओर या पुरुष स्त्री की ओर क्यों आकर्षित होते हैं? किसी स्त्री या पुरुष में क्या बात होती है? वह चोट धन या ऋण विद्युत की होती है-एक सूक्ष्म तरंग। वस्तुतः वह ध्वनि ही है। तुमने देखा होगा कि सेक्स अपील के लिए पक्षी ध्वनि का इस्तेमाल करते हैं। उनके सारे गीत कामुक हैं। वे एक-दूसरे को सतत विशिष्ट ध्वनि से चोट कर रहे हैं। ये ध्वनियां विपरीत लिंगी पक्षी के काम केन्द्र पर चोट कर रही हैं।

सूक्ष्म विद्युत तरंगें बाहर से तुम पर आघात करती रहती हैं। जब बाहर से तुम्हारे काम केन्द्र पर आघात होता है तो तुम्हारी ऊर्जा बाहर की दिशा में बहने लगती है। उससे प्रजनन होता है। तुमसे कोई और जीव पैदा होगा।

इसी ऊर्जा केन्द्र को 'हू' भीतर से चोट कर रहा है और जब काम केन्द्र पर भीतर से चोट पड़ती है तब ऊर्जा भीतर बहने लगती है। ऊर्जा का आंतरिक बहाव तुम्हें पूर्णतः बदल देता है। तुम रूपांतरित हो जाते हो, स्वयं को ही जन्म देते हो।

तुम्हारा रूपांतरण तभी घटना है जब ऊर्जा बिल्कुल विपरीत दिशा में प्रवाहित होने लगती है। अभी वह बाहर की ओर बह रही है, लेकिन तब वह भीतर की ओर बहने लगती है। ऊर्जा के इस ऊर्ध्वगामी प्रवाह को ही कुंडलिनी कहते हैं। तुम अपनी रीढ़ में इसे सचमुच बहती हुई अनुभव करोगे। वह जितनी ऊपर जाएगी उतने तुम ऊपर उठोगे और जब यह ऊर्जा तुम्हारे सिर में, अंतिम केन्द्र पर, सहस्त्रार पर पहुंचती है तब तुम श्रेष्ठतम व्यक्ति हो जाते हो, जिसे गुर्जिएफ 'मैन नम्बर सेवन' कहता है।

जब तुम्हारी ऊर्जा काम केन्द्र पर होती है तुम पहले नंबर के आदमी हो। जब थोड़ी-सी ऊर्जा तुम्हारे हृदय केन्द्र में आती है तब तुम दूसरे नंबर के आदमी बनते

हो-भावपूर्ण मनुष्य। जब कुछ ऊर्जा बुद्धि में प्रवेश करती है तब तुम तीसरे नंबर के आदमी बनते हो-बुद्धिमान मनुष्य। ये सभी साधारण मनुष्य हैं, किसी-न-किसी रूप में विक्षिप्त कोई शारीरिक विक्षिप्त है, कोई भावनात्मक रूप से विक्षिप्त, कोई बौद्धिक रूप से विक्षिप्त। ये तीन मनुष्य सिर्फ सामान्य मनुष्य हैं।

चौथे नंबर का आदमी वह है जो अपनी ऊर्जा को भीतर ले जाना चाहता है। जो ध्यान कर रहा है, जो अपनी विक्षिप्तता को, अपने विभाजन और स्किजोफ्रेनिया को मिटाने की चेष्टा कर रहा है और जैसे-जैसे यह ऊर्जा भीतर और ऊपर की ओर गतिमान होती है, तुम्हारे भीतर श्रेष्ठतर मनुष्य निर्मित होता है। यह श्रेष्ठतर मनुष्य कम विक्षिप्त, कम खंडित और अधिक स्वस्थ होगा।

फिर एक क्षण आता है जब वह ऊर्जा तुम्हारे अंतिम केन्द्र से ब्रह्मांड में विसर्जित हो जाती है। तुम अतिमानव हो जाते हो या कहें मानव नहीं रहते और जब तुम मानवीयता का अतिक्रमण करते हो तो विक्षिप्तता का भी अतिक्रमण कर जाते हो।

मनुष्य का किसी-न-किसी अर्थ में विक्षिप्त होना अनिवार्य है क्योंकि वह एक अस्तित्व नहीं है, मुखौटा है। मनुष्य है। मनुष्य अंत नहीं है, एक प्रक्रिया है। वह जानवर तो नहीं है, लेकिन वह भी नहीं है जो होने के लिए बना है। वह एक पड़ाव है। इसी से न्यूरोसिस पैदा होता है।

तुम अभी पशु नहीं हो। तुम्हारे भीतर पूरी पशुता मौजूद है, लेकिन तुम पशु नहीं हो। वह पशु तुम्हें नीचे खींचता रहता है। इसमें कुछ बुरा नहीं है। पशु कुछ और कर भी नहीं सकता। वह तुम्हें निरंतर काम केन्द्र पर खींचता रहता है, लेकिन वह तुम्हारा पहला केन्द्र है, अंतिम संभावना नहीं। तुम्हारी अंतिम संभावना है अतिमानव, वह तुम्हें ऊपर खींचता रहता है।

इन विपरीत दिशाओं में खिंचने से स्किजोफ्रेनिया पैदा होता है। तो एक क्षण में तुम उच्चतर आयाम में होते हो, मानो संत हो गए और दूसरे क्षण तुम पाशविक व्यवहार करने लगते हो। अब मन बौखला जाता है। न तो तुम पूरे पशु हो सकते हो, न पूरे संत। तो तुम क्या करते हो, स्वयं को दो में बांटते हो। अपना पाशविक हिस्सा तुम अवचेतन में धकेल देते हो और चेतन रूप से तुम श्रेष्ठता के साथ तादात्म्य बनाते हो जो कि तुम नहीं हो। यह श्रेष्ठता की संभावना आदर्श है, मंजिल है।

तो जब तक तुम मनुष्य के पार नहीं उठते, तुम विक्षिप्तता को नहीं छोड़ सकते। मनुष्य ही विक्षिप्तता है।

तीसरे चरण में मैं 'हू' का साधन की भांति उपयोग करता हूँ ताकि तुम्हारी ऊर्जा ऊपर उठे। ये पहले तीन चरण कैथार्सिस के हैं वस्तुत: वे ध्यान नहीं हैं, ध्यान की तैयारी हैं। यह छलांग लगाने की तैयारी है, छलांग नहीं है।

हू का रसायन

तीसरे चरण में, हम एक मंत्र का उपयोग कर रहे हैं-हू। यह एक सूफी ध्वनि है, जैसे कि हिंदुओं की एक ध्वनि है ओम्, लेकिन यह वर्तमान आदमी के लिए ज्यादा काम की है बजाय ओम् के। क्योंकि ओम् एक बहुत ही नाजुक ध्वनि है। जब तुम ओम् कहते हो तो वह हृदय से नीचे कभी नहीं जाता। यह बहुत आक्रामक नहीं है, यह बहुत ही अहिंसक है। सर्वाधिक अहिंसक ध्वनियों में से एक ध्वनि है ओम्।

यह ध्वनि भिन्न प्रकार के लोगों के लिए खोजी गई थी। यह उनके लिए थी जो कि बहुत ज्यादा प्रेमपूर्ण तथा अहिंसक लोग थे; उनके लिए थी जो स्वभावत: सीधे व सरल लोग थे; उनके लिए थी जो कि प्रकृति के बीच गांवों में रहते थे; उनके लिए थी जो अशिक्षित थे, पढ़े-लिखे नहीं थे और संस्कारित तथा सुसंस्कृत नहीं थे। वे पशुओं की तरह थे-शुद्ध, सीधे भोले-भाले। ओम् की ध्वनि उनके लिए खोजी गई थी। उन्हें बदलने के लिए इतना ही बहुत था। यह एक बहुत ही नाजुक चोट है-ओम्। यह हृदय पर बहुत ही हल्के से चोट करती है। उन लोगों के लिए इतना ही काफी था क्योंकि उनके पास हृदय थे। तुम्हारे लिए इससे काम नहीं चलेगा। तुम्हें तो बहुत ही हिंसक चोट चाहिए।

सूफियों ने इस दूसरी ध्वनि की खोज की-हू। यह अल्ला-हू का हिस्सा है। सूफी अल्लाह, अल्लाह की रट लगाते हैं और जब तुम इसे बार-बार दोहराते हो तो यह अल्ला-हू, अल्ला-हू हो जाता है। फिर उसके बाद प्रारंभ का हिस्सा गिरा दिया जाता है, अल्लाह गिरा दिया जाता है, केवल हू को रख लिया जाता है। उसके बाद केवल 'हू, हू, हू' बच जाता है। जब तुम कहते हो 'हू', तो वह सीधा तुम्हारे काम-केन्द्र पर चला जाता है। वह सीधा काम-केन्द्र पर चला जाता है। वह सीधा काम-केन्द्र में प्रवेश कर जाता है, वह काम-केन्द्र पर चोट करता है।

आज का युग इतना काम-केन्द्रित हो गया है कि तुम्हें काम-ऊर्जा पर चोट करने की जरूरत है। हृदय अब है ही नहीं। यदि तुम ओम् से

कोशिश करते हो तो तुम उस द्वार पर दस्तक देते हो जो कि खाली है। वहां अब कोई नहीं रहता है। गुरुत्वाकर्षण का केन्द्र वहां से हटकर अब काम-केन्द्र पर आ गया है। तुम्हारा केन्द्र अब हृदय नहीं है। हृदय केन्द्र हो सकता है यदि तुम प्रेम में केन्द्रत हो, लेकिन अभी तुम काम में केन्द्रित हो, न कि प्रेम में।

'हू' आज के युग के लिए ध्वनि है। वह सीधे तुम्हारे काम-केन्द्र पर चोट करती है। यदि तुम वस्तुतः जोर से 'हू, हू, हू' की चोट करो तो भीतर तुम्हें एक सूक्ष्म चोट लगती हुई महसूस होगी और काम-ऊर्जा दो रास्तों से गति कर सकती है। वह बाहर की ओर जा सकती है, वह भीतर की ओर जा सकती है।

जब तुम किसी स्त्री या पुरुष की ओर आकर्षित होते हो तो ऊर्जा बाहर की ओर जाने लगती है। वास्तव में, एक स्त्री अथवा एक पुरुष बाहर से तुम पर चोट करने लगा। वह शाब्दिक अर्थों में भी सही है। जब तुम्हें लगे कि कोई स्त्री तुम्हें आकर्षित कर रही है, तब यदि तुम ठीक से सजग होकर गौर करो तो तुम देखोगे कि सूक्ष्म रूप से तुम्हारे काम-केन्द्र पर चोट पड़ रही है। स्त्री की ऊर्जा अथवा पुरुष की ऊर्जा तुम्हारे उस केन्द्र पर चोट कर रही है। वैसी ही चोट तुम्हें तब ही महसूस होगी जब तुम 'हू' की आवाज करोगे, पर यह चोट भीतर से होगी और यदि तुम भीतर से काम-केन्द्र पर चोट करते ही चले जाओ तो एक द्वार खुलेगा और ऊर्जा भीतर की ओर जाने लगेगी, ऊपर की ओर उठने लगेगी।

एक बार तुम्हें यह पता चल जाए कि इस ऊर्जा को ऊपर और भीतर की ओर कैसे ले जाया जाए तो तुम ऊंचे आरगाज्म-आनंद के ऊंचे शिखर को महसूस करोगे, जो कि तुम किसी भी स्त्री अथवा पुरुष के साथ महसूस नहीं कर सकते। एक आंतरिक मिलन होना प्रारम्भ होगा।

-ओशो

केनोपनिषद

कुछ महाध्वनियां हैं, महाध्वनियां ऐसी औषधियां हैं, जो सभी विकारों पर काम करती हैं जैसे, अभी हम एक ध्वनि का उपयोग कर रहे हैं-हुंकार। यह महाध्वनि है। उसकी चोट इतनी गहरी है कि अलग-अलग विकारों से लड़ने की जरूरत नहीं है। अगर वह एक ही चोट अजपा तक पहुंच जाए, तो सब विकार विसर्जित हो जाएं।

अल्लाह शब्द से हम सब परिचित हैं। अल्लाह शब्द में भी हुंकार का ही उपयोग है और जब कोई साधक अल्लाह का उपयोग करता है तो जो उपयोग बनता है वह होता है-अल्लाहू, अल्लाहू, अल्लाहू। फिर अल्ला छूट जाता है और लाहू, लाहू, लाहू। फिर ला छूट जाता है, फिर हू, हू, हू और आखिर में हू डूबता चला जाता है और अजपा बन जाता है। जब हू अजपा बन जाता है, तो सब विकार तिरोहित हो जाते हैं।

तिब्बती मंत्र महामंत्र है-ॐ मणि पद्मे हुं। वह हू, हू का रूप है। ॐ भी हू जैसा काम कर सकता है, लेकिन शायद अब नहीं। बहुत सरल लोग हों तो ॐ भी हू का काम करता है, लेकिन बहुत जटिल लोग हों तो काम नहीं करता। क्योंकि ॐ की जो चोट है, वह बहुत माइल्ड है। हू की चोट बहुत गहरी है। घाव गहरा है।

ॐ की चोट बहुत माइल्ड है। वह बहुत कम मात्रा की दवा है। वह उनके लिए उपयोग में लाई गई थी, जो ज्यादा बीमार नहीं थे- सरल चित्त लोग थे; निर्दोष लोग थे; चालाक न थे; कनिंग न थे; बेईमान न थे; सरल थे। ॐ काफी था। होम्योपैथी की छोटी-सी मात्रा उनकी बीमारी को ठीक करती थी। अब एलोपैथी के बिना नहीं चल सकता। हू एलोपैथिक है। ॐ होम्योपैथिक है। हू की चोट भयंकर है, गहरे-से-गहरे तक जाने वाली है। वह अजपा में उतर जाए, तो हू गायत्री बन जाएगा और विकार विसर्जित हो जाएंगे। कोई भी मंत्र गायत्री बन जाता है, जब अजपा हो जाए।

यही इस सूत्र का अर्थ है, 'अजपागायत्री विकारदंडो ध्येयः।'

मन का निरोध ही उनकी झोली है।

वे जो संन्यासी हैं, उनके कंधे पर एक ही बात टंगी हुई है चौबीस घंटे- मन का निरोध, मन से मुक्ति, मन के पार हो जाना। चौबीस घंटे उनके कंधे पर है।

आपने एक शब्द सुना होगा, खानाबदोश। यह बहुत बढ़िया शब्द है। इसका मतलब होता है, जिनका मकान अपने कंधे पर है, खाना-बदोश। खाना का मतलब होता है मकान-दवाखाना-खाना यानी मकान। दोश का मतलब होता है कंधा, बदोश का मतलब होता है कंधे के ऊपर। जो अपने कंधे पर ही अपना मकान लिए हुए हैं, उनको खानाबदोश कहते हैं-घुमक्कड़ लोग। जिनका कोई मकान नहीं है, कंधे पर ही मकान है।

संन्यासी भी अपने कंधे पर एक ही चीज लिए चलता है चौबीस घंटे - मन का निरोध। वही उसकी धारा है सतत-श्वास की, मन के पार कैसे जाऊं?

क्योंकि मनातीत है सत्य। मन के पार कैसे जाऊं? क्योंकि मनातीत है अमृत। मन के पार कैसे जाऊं? क्योंकि मनातीत है प्रभु।

जाया जा सकता है। ध्यान उसका मार्ग है।

-ओशो

निर्वाण उपनिषद रु 9

जब तुम खाली हो जाओगे तुम्हारे रोगों से, दमित वेगों से, तुम्हारे भीतर के उपद्रव, जब तुम बाहर फेंक दोगे, तभी तीसरे चरण का उपयोग हो सकता है। क्योंकि तीसरा चरण एक महामंत्र है। यह महामंत्र है एक ध्वनि 'हू, हू, हू'। इस ध्वनि को इतने जोर से करना है कि तुम्हारा सारा तन-प्राण का पूरा संस्थान, उसमें लग जाए, तुम्हारा मन भी गूंज उठे, तुम्हारा तन भी गूंज उठे। तुम्हारे भीतर कुछ न बचे, जो हू नहीं कर रहा है। तुम्हारा एक-एक जीवाणु, श्वास, तुम्हारा एक-एक रोआं हू की ध्वनि से भर जाए। जब खाली हो गए हो, तभी इस ध्वनि का उपयोग किया जा सकता है। जब तुम पागलपन से भरे हो और विक्षिप्त आवाजें तुम्हारे भीतर हैं और एक भीड़ तुम्हारे भीतर चल रही है, तब यह हू की ध्वनि तुम्हारे भीतर प्रवेश नहीं कर सकती। जब तुम बिल्कुल खाली हो और भीतर मौन हो गया और शून्य हो गया, तब इस हू की ध्वनि से तुम्हारे भीतर वह जो विराट छिपा है उस पर चोट पड़नी शुरू हो जाती है।

इस हू की ध्वनि के अनेक परिणाम हैं। पहला जैसे ही तुम इस हुंकार से भरना शुरू होते हो वैसे ही तुम्हारी काम ऊर्जा, सेक्स सेंटर पर भीतर चोट पड़नी शुरू हो जाती है और मनुष्य के पास जो शक्ति है वह एक ही है, वह है काम ऊर्जा। काम ऊर्जा अगर बाहर की तरफ बहे तो जैविक संतति का उत्पादन बन जाती है। काम ऊर्जा अगर भीतर की तरफ बहने लगे तो आध्यात्मिक जन्म शुरू हो जाता है।

काम ऊर्जा जन्मदात्री है। काम का जो केन्द्र है उस पर चोट साधारणत: बाहर से होती है। एक पुरुष एक स्त्री को देखता है और एक चोट तुम्हारे काम केन्द्र पर हो जाती है। एक स्त्री एक पुरुष से आकर्षित होती है और उसके काम केन्द्र पर तत्काल बाहर से चोट शुरू हो जाती है। यह चोट विद्युत की ही चोट है। पुरुष विद्युत का एक प्रकार है और स्त्री एक प्रकार और दोनों विरोधी विद्युत के ध्रुव हैं। एक-दूसरे को आकर्षित करते हैं, पर यह आकर्षण

की चोट सदा बाहर से पड़ती है और जहां से चोट पड़ती है, उसी तरफ काम ऊर्जा प्रवाहित होनी शुरू हो जाती है।

हू की ध्वनि चोट करने की कोशिश है। जब तुम जोर से हू चिल्लाते हो, तब यह हू की ध्वनि तुम्हारे भीतर जाती है, ठीक नाभि के नीचे से काम-केन्द्र पर जाकर चोट करती है। यह भीतर से चोट है, उसी केन्द्र पर और इस चोट को इतनी जोर से करना है कि केन्द्र भीतर से टूट जाए और जैसे ही यह केन्द्र भीतर से टूटता है, एक छोटा-सा सुराख भी और तुम्हारे भीतर ऊर्जा चढ़नी शुरू हो जाती है। जिसे योग ने कुंडलिनी कहा है और कई अलग-अलग नाम दिए हैं। नाम से कुछ भेद नहीं पड़ता। काम ऊर्जा ही अंतर्मुखी होकर आध्यात्मिक शक्ति बन जाती है। इसे तुम प्रत्यक्ष अनुभव करोगे, जैसे ही हू की चोट पड़नी शुरू होगी, भीतर एक उतप्त प्रवाह तुम्हारी काम ऊर्जा का चढ़ना शुरू हो जाएगा ऊपर की तरफ। तुम उसे शरीर से भी अनुभव करोगे। ठीक तुम्हारी रीढ़ में कोई नया प्रवाह शुरू हो रहा है, रीढ़ उतप्त होने लगेगी, जैसे कोई गरम लावा भीतर प्रवाहित होता हो और जैसे-जैसे यह लावा तुम्हारी रीढ़ में ऊपर चढ़ने लगेगा, वैसे-वैसे तुम पाओगे, तुम बदलने लगे, तुम दूसरे होने लगे, एक नए आदमी का आविर्भाव होने लगा।

जितने ऊपर जाता है यह काम ऊर्जा का प्रवाह तुम्हारी रीढ़ में, उतने ही ऊंचे बिंदुओं से तुम जीवन को देखना शुरू कर देते हो। काम केन्द्र पर खड़ी हुई ऊर्जा शरीर से ज्यादा और कुछ भी अनुभव नहीं कर सकती। यह निम्नतम बिंदु है और ऐसे सात चक्र हैं तुम्हारे शरीर में। एक-एक चक्र में प्रवेश होता है और तुम एक-एक नए शरीर का अनुभव शुरू कर देते हो। सातवें चक्र पर तुम अनुभव करते हो वह जगह, जिससे हमने हारा कहा है मोक्ष का। क्योंकि उस जगह से तुम्हें अशरीरी, अपौदगलिक, अपार्थिव, इम्मैटीरियल का अनुभव शुरू हो जाता है।

यह कभी एक क्षण में भी हो सकता है, कभी लम्बा समय भी लग सकता है। निर्भर करेगा तुम्हारी तीव्रता पर, कितनी गहन चोट तुम करते हो।

तो तीसरे चरण में हू की इतनी चोट करनी है कि यह शक्ति का केन्द्र भीतर छूटने लगे और विद्युत धारा इस केन्द्र से तुम्हारी रीढ़ में ऊपर की ओर ऊर्ध्वमुखी यात्रा पर निकल जाए।

-ओशो

ध्यान के कमल रु 10

'हू' मंत्र का उच्चारण कब और क्यों?

सूफियों ने 'हू' ध्वनि का प्रयोग किया है और यदि तुम इस ध्वनि का उच्चारण ऊंचे स्वर में करते हो तो यह तुम्हारे काम केंद्र में गहरी जाती है। इस ध्वनि का प्रयोग भीतर चोट करने के लिए किया जाता है। जब तुम भीतर रिक्त या खाली हो गए हो तभी यह ध्वनि तुम्हारे भीतर तक प्रवेश कर सकती है। ध्वनि की गति भीतर तभी संभव है जब तक खाली हो गए हो। यदि तुम दमन से भरे हुए हो तो कुछ न होगा और कई बार किसी मंत्र या ध्वनि का उच्चारण खतरनाक हो सकता है यदि दमन से भरे हो, क्योंकि प्रत्येक दमन भीतर ध्वनि को बदल देगा और संभव है अंतिम परिणाम कुछ ऐसा ही हो जो तुमने कभी स्वप्न में भी सोचा न हो, जो तुमने कहना चाहा न हो, जिसकी तुमने कभी अपेक्षा न की हो, क्योंकि दमन की हर परत ध्वनि का मार्ग बदल देगी। तुम्हें खाली मन चाहिए तभी मंत्र का उपयोग किया जा सकता है।

तो मैं कभी किसी को मंत्र का सुझाव नहीं देता। प्राचीन भारत में कुछ मंत्र होते थे जो केवल संन्यासियों के लिए थे, गृहस्थियों के लिए नहीं। गृहस्थियों को इनका प्रयोग करने की अनुमति नहीं थी क्योंकि गृहस्थियों के भीतर भिन्न तंत्र हैं। 'हू' की ध्वनि उन्हें अस्तव्यस्त कर सकती है, तो केवल संन्यासियों को ही कुछ मंत्रों का प्रयोग करने की अनुमति थी। पुराने जमाने में, विशेषकर तिब्बत में, जब भी किसी संन्यासी को मंत्र दिया जाता था तो उसे एक फूल को स्पर्श करना होता था, शाखा पर लगे जीवंत फूल को और यदि वह फूल मुरझा जाता उसके स्पर्श से तो ही उसे वह मंत्र दिया जाता क्योंकि उस मंत्र से उसके भीतर एक सूक्ष्म मृत्यु घटित होती थी। गृहस्थ को इसलिए यह प्रयोग नहीं करने दिया जाता था क्योंकि फिर मृत्यु उसके आसपास चक्कर लगाने लगेगी।

यदि तुम विक्षिप्त हो और विक्षिप्तता से मुक्त नहीं हुए हो तो 'हू' ध्वनि तुम्हें और विक्षिप्त कर सकती है। तो सक्रिय ध्यान के तीसरे चरण में ही दस मिनट के लिए इस 'हू' ध्वनि का प्रयोग करना है, जितने ऊंचे स्वर में कर सको उतना। अपनी पूरी ऊर्जा इसमें लगा दो। यह एक चोट की तरह कार्य करती है। जब तुम खाली हो तो यह 'हू' ध्वनि भीतर गहरे में जाती है और काम केन्द्र पर चोट करती है।

काम केन्द्र पर दो तरह से चोट की जा सकती है। पहली तो स्वाभाविक है। जब भी तुम विपरीत लिंग के प्रति आकर्षित होते हो तो काम केन्द्र को

बाहर से चोट लगती है और यह चोट वस्तुतः एक सूक्ष्म स्पंदन है। एक पुरुष स्त्री के प्रति आकर्षित होता है अथवा स्त्री पुरुष के प्रति आकर्षित होती है। वे आकर्षित क्यों होते हैं? पुरुष में ऐसा क्या है? स्त्री में ऐसा क्या है? एक धनात्मक या ऋणात्मक ऊर्जा उन्हें छूती है, एक सूक्ष्म स्पंदन। वस्तुतः यह एक ध्वनि है। तुमने पक्षियों में देखा होगा वे काम के आकर्षण के लिए ध्वनि का उपयोग करते हैं। उनके सब गीत काम ऊर्जा से भरे होते हैं। वे निरंतर एक-दूसरे पर ध्वनि से चोट करते हैं। ये ध्वनियां विपरीत लिंग के काम केन्द्र पर चोट करती हैं।

विद्युत की सूक्ष्म तरंगें तुम पर बाहर से चोट कर रही हैं। जब तुम्हारे काम केन्द्र पर बाहर से चोट लगती है तो ऊर्जा बाहर की ओर बहना शुरू हो जाती है। उससे प्रजनन होता है, तुमसे कोई दूसरा जन्म लेगा।

यह 'हू' ध्वनि उसी ऊर्जा के केन्द्र पर भीतर से चोट करती है और जब काम केन्द्र पर भीतर से चोट होती है तो ऊर्जा भीतर की ओर प्रवाहित होने लगती है। भीतर प्रवाहित होती ऊर्जा तुम्हें पूर्णरूपेण बदल देती है। तुम्हारा रूपांतरण हो जाता है। तुम स्वयं को जन्म देते हो।

चौथा चरण

दस मिनट के संगीत के बंद होते ही स्टाप की आवाज के साथ जैसे हैं जहां हैं जिस मुद्रा में हैं वहीं खड़े हो जाएंगे पन्द्रह मिनट के लिए जैसे बच्चे स्टेच्यू का खेल खेलते हैं, वैसे स्टेच्यू हो जाना मूर्तिवत, पत्थर की भांति। यह संकल्प का चरण है, संकल्प प्रगाढ़ होगा। कमजोर संकल्प के कारण हमें बार-बार निराश होना पड़ता है। जैसे हैं वैसे खड़े रहें पन्द्रह मिनट के लिए।

ओशो देशना

तीस मिनट में आपका शरीर थक जाएगा, आपकी प्राणशक्ति थक जाएगी, आपकी मनःशक्ति थक जाएगी। ये तीनों चरण तीनों को थका डालेंगे और तीस मिनट में इतनी क्लाइमेक्स तक आपको पहुंच जाना है तनाव की, टेंशन की, इतने जोर से यह सब करना है कि तीस मिनट में जैसे आप बिल्कुल मुर्दा होकर गिर पड़ें।

तीस मिनट बाद मैं आपको कहूंगा कि बस, अब रुक जाएं। कोई बैठा होगा, कोई गिर गया होगा, कोई खड़ा होगा, जो जैसे होगा वह वैसा ही रह जाएगा। उस समय आपको अपनी तरफ से कुछ नहीं करना है। गिर गए हैं तो गिरे रह जाएंगे, बैठे हैं तो बैठे रह जाएंगे, खड़े हैं तो खड़े रह जाएंगे। ऐसा नहीं कि आप खड़े हैं तो बैठ जाएं अपनी तरफ से। उस समय जो हालत आपकी हो, आप उसी में रह जाएंगे और पन्द्रह मिनट सिर्फ प्रतीक्षा करेंगे कि क्या हो रहा है।

उन पन्द्रह मिनट में बहुत से अनुभव मिलेंगे। पन्द्रह मिनट में शान्ति का अनुभव तो सहज ही सभी को होगा। आधे से ज्यादा मित्रों को आनंद की भी प्रतीति होगी। उससे भी ज्यादा मित्रों को प्रकाश का अनुभव होगा। कुछ मित्रों को रंगों के अनुभव होंगे। कुछ मित्रों को सुगंध का अनुभव होगा और फिर भी भिन्न-भिन्न अनुभव प्रत्येक को होंगे।

इस अनुभव की धारा भीतर बहने लगेगी, उसे साक्षी-भाव से देखते रहना है। ये अनुभव आध्यात्मिक नहीं हैं, ये अनुभव मानसिक हैं, लेकिन अध्यात्म की तरफ गति हो रही है, इसके ये सूचक हैं। ये सभी खो जाएंगे, कुछ मित्रों के चार दिन में भी खो जाएंगे, सिर्फ शून्य रह जाएगा और उस शून्य में, जिसे हम निराकार परमात्म कहें, ब्रह्म कहें, आत्मा कहें-उसके लिए क्या शब्द प्रयोग किया जाए-उसकी अनुभूति, उसका स्वाद, उसका रस अनुभव में आना शुरू होगा।

तीसरे चरण में मैं 'हू' का साधन की भांति उपयोग करता हूँ ताकि तुम्हारी ऊर्जा ऊपर उठे। ये पहले तीन चरण कैथार्सिस के हैं। वस्तुत: वे ध्यान नहीं हैं, ध्यान की तैयारी हैं। वह छलांग लेने की तैयारी है, छलांग नहीं है।

चौथा चरण छलांग है। चौथे चरण में मैं कहता हूँ, सिर्फ साक्षी हो जाओ। एक होशपूर्ण सजगता। कुछ करना नहीं, सिर्फ देखना। कोई गतिविधि नहीं, कोई इच्छा नहीं, कुछ बनना नहीं, सिर्फ इस क्षण में होना।

तुम्हारे केन्द्र में, स्व में होना संभव होता है इन पहले तीन चरणों के कारण। इन तीन को किए बगैर तुम स्वयं के साथ नहीं हो सकते। तुम उसके बारे में बात कर सकते हो, सोच सकते हो, सपने देख सकते हो, लेकिन घटना घटेगी नहीं क्योंकि तुम तैयार नहीं हो।

पहले तीन चरण तुम्हें तैयार करेंगे ताकि तुम इस क्षण में होशपूर्वक रह सको। यह ध्यान है और इस ध्यान में कुछ घटता है जो शब्दातीत है। एक बार वह घट गया तो तुम वही नहीं रहोगे। यह असंभव है। यह एक विकास है। वह मात्र अनुभव नहीं है एक विकास है। मिथ्या विधि और वास्तविक विधि में यही फर्क है। मिथ्या विधि में तुम्हें अनुभव हो सकता है, लेकिन तुम फिर नीचे गिर जाओगे। वह एक झलक थी, विकास नहीं था। एल.सी.डी. के साथ यह हो सकता है, तुम्हें झलक मिल जाएगी। दूसरी विधियों के साथ यह हो सकेगा। तुम्हें एक झलक मिलेगी, अनुभव होगा और फिर तुम नीचे गिर जाओगे क्योंकि तुम विकसित नहीं हुए। तुम्हें अनुभव हुआ है, अनुभव को तुम नहीं हुए। यदि बच्चा स्वप्न देखता है कि वह युवक हो गया तो वह एक झलक देख सकता है, लेकिन है तो स्वप्न ही। यह स्वप्न टूटेगा और वह पुन: बच्चा हो जाएगा, लेकिन अगर तुम विकसित हुए और युवक हो गए तो फिर से बच्चे नहीं बन सकते। यह वास्तविक विकास है।

तो यह कसौटी है जांचने की कि कोई विधि नकली है या असली है। नकली विधियां भी हैं जिन्हें करना आसान है। वे तुम्हें कहीं पहुंचाती नहीं।

तुम अगर सिर्फ अनुभवों के पीछे दौड़ रहे हो तो किसी भी नकली विधि के शिकार हो जाओगे। असली विधि के अनुभवों से कोई लेना-देना नहीं है, असली विधि का संबंध है वास्तविक विकास से। उनमें अनुभव तो होते हैं, वे बेमानी हैं मुझे फिक्र है विकास की, अनुभव की नहीं। अनुभव विकसित होने के दौरान घटने वाली घटनाएं होंगी।

तुम इस भांति विकसित हो जाओ कि एक हो जाओ, संपूर्ण हो जाओ, स्वस्थ हो जाओ। यह स्वास्थ्य तुम्हारे ऊपर थोपा नहीं जा सकता। समाज तुम्हारे ऊपर स्वास्थ्य को थोप रहा है ताकि अंदर से तुम अस्वस्थ रहो और स्वास्थ्य एक दिखावा भर रहे।

मैं तुम्हारे ऊपर कुछ भी थोपूंगा नहीं। उलटे में तुम्हारे पागलपन को बाहर ले आऊंगा। जब वह पूरी तरह बाहर आ जाए। आकाश में फिंक जाए तब स्वास्थ्य घटित होगा। तुम विकसित होओगे।

चौथा चरण : उपद्रव का अचानक रुक जाना

पहला चरण है कि तुम्हारे प्राण को बदला जाए - तुम्हारी श्वास की प्रक्रिया को बदला जाए। दूसरा चरण है कि तुम्हारे दमित भावों को, तुम्हारे मन के दमित हिस्सों को बाहर फेंका जाए और तीसरा चरण है कि तुम्हारी जीवन-ऊर्जा को ऊपर की ओर गतिमान किया जाए और जब ऊर्जा ऊर्ध्वगमन करने लगती है, और तुम्हें कुछ नहीं करना है। इसलिए मैं सदा जोर देता हूं कि हिलो-डुलो मत। जब मैं तीसरे चरण में कहता हूँ 'स्टाप' तो पूरी तरह रुक जाओ। कुछ भी मत करो। क्योंकि कुछ भी किया तो वही विचलित होने का कारण बन जाएगा और तुम सारी बात से चूक जाओगे। जरा-सी कोई बात एक खांसी या छींक और जब तुम सारी चीज ही चूक सकते हो, क्योंकि मन विचलित हो गया। तब बहाव एकदम रुक जाएगा क्योंकि तुम्हारा ध्यान कहीं और चला जाएगा।

कुछ भी मत करो। तुम मर जाने वाले नहीं हो। यदि छींक भी आ रही है और तुम दस मिनट के लिए नहीं छींको तो तुम मर नहीं जाओगे। यदि तुम्हें खांसी आ रही हो या तुम्हें कहीं खुजली हो रही हो या गले में खराश हो रही हो और यदि तुम कुछ नहीं करो तो तुम मर नहीं जाओगे। डरो नहीं, आज तक कोई भी मरा नहीं है। जहां तक शरीर का प्रश्न है, मुर्दे हो जाओ, ताकि ऊर्जा एक बहाव में गति कर सके।

जब ऊर्जा ऊपर की ओर बहती है तो तुम अधिकाधिक मौन हो जाते हो। मौन, ऊर्जा के ऊपर की ओर बहने की सह-उत्पत्ति है और तनाव ऊर्जा के नीचे की ओर बहने की सह-उत्पत्ति है। तुम अधिकाधिक संताप में रहो, जब ऊर्जा नीचे की ओर बह रही होती है। तुम अधिकाधिक शांत, मौन, स्थिर रहोगे जब ऊर्जा ऊपर तथा भीतर की ओर बह रही होगी और ये शब्द 'नीचे' तथा 'बाहर' दोनों पर्यायवाची हैं और 'भीतर' तथा 'ऊपर' ये दोनों शब्द भी पर्यायवाची हैं। तुम बिल्कुल मौन हो गए और ऊर्जा बाढ़ की भांति बह रही है तो वह सारे चक्रों से होकर गुजर रही है, सारे केन्द्रों से गुजर रही है और जब वह सारे चक्रों से गुजरती है तो वह उन्हें साफ करती है, उन्हें शुद्ध करती है। वह उन्हें सक्रिय तथा जीवंत करती है और वह बाढ़ अंतिम चक्र तक चली जाती है।

काम पहला चक्र है, सबसे नीचे का और हम सबसे नीचे के चक्र पर ही जीते हैं। इसलिए हम जीवन को उसके न्यूनतम पर जानते हैं। जब ऊर्जा ऊपर की ओर बहती है और अंतिम चक्र पर पहुंचती है-सहस्त्रार पर पहुंचती है-तो ऊर्जा अपने अधिकतम पर होती है। जीवन अपने अधिकतम पर होता है। तब तुम्हें अनुभव होगा, कि सारा विश्व शांत हो गया है, एक जरा-सी ध्वनि भी नहीं है। हर चीज पूर्णतया मौन हो गई होती है जब ऊर्जा अपने अंतिम, आखिरी चक्र पर आती है।

तुम पहले चक्र को जानते हो, उसी से समझना ठीक रहेगा। जब ऊर्जा काम केन्द्र पर आती है तो तुम पूरी तरह तनाव से भर जाते हो। सारा शरीर ज्वर से तपने लगता है, तुम्हारा प्रत्येक कोष तृप्त हो जाता है। तुम्हारा तापमान बढ़ जाता है, तुम्हारा रक्तचाप तेज हो जाता है, तुम्हारी श्वास विक्षिप्त हो जाती है। तुम्हारा सारा शरीर एक अस्थायी विक्षिप्त स्थिति में आ जाता है-निम्नतम पर।

इससे ठीक विपरीत बात होती है अंतिम चक्र पर। तुम्हारा शरीर इतना शीतल, इतना शांत हो जाता है जैसे विलीन हो गया हो। तुम उसका अहसास भी नहीं कर पाते हो। तुम शरीर-रहित हो जाते हो, जैसे कि शरीर है ही नहीं और जब तुम शांत होते हो तो सारा अस्तित्व भी शांत होता है क्योंकि अस्तित्व कुछ और नहीं है बल्कि एक दर्पण है, वह तुम्हें तो प्रतिबिंबित करता है। हजारों-हजारों दर्पणों में वह तुम्हें ही प्रतिबिंबित करता है। जब तुम शांत होते हो तो सारा अस्तित्व भी शांत हो जाता है।

-ओशो

केनोपनिषद्

शरीर को व्यवस्थित मत करो

सुबह के सक्रिय ध्यान के चौथे चरण में शरीर को मृत तथा निश्चल रखने के प्रयास में, व्यक्ति तनावपूर्ण हो जाता है। चूंकि यह चरण पूर्ण विश्राम का तथा अपने को छोड़ देने का है, कैसे कोई विश्राम में जाए और साथ ही निश्चल भी रहे? बजाय आनंद के, यह एक तनाव हो जाता है।

एक मृत व्यक्ति पूर्ण विश्राम में होता है। यह तनावपूर्ण नहीं हो सकता। एक मृत व्यक्ति तनाव से भरा हुआ नहीं हो सकता या फिर वह हो सकता है? वह विश्राम में है क्योंकि कोई अहंकार नहीं बचा जो कि तनावपूर्ण हो सके। केवल अहंकार ही तनाव में होता है। अतः चौथे चरण में, जब मैं कहता हूँ कि मृत हो जाओ, उसका मतलब यही होता है कि इतने विश्राम में हो जाओ जैसे कि एक मरा हुआ आदमी होता है। तुम्हें निश्चल तथा मृत हो जाने की चेष्टा नहीं करनी है। यदि तुम प्रयास करोगे तो उसके बड़े उलट परिणाम आएंगे। निश्चल होने की चेष्टा मत करो, मर जाने का कोई प्रयास मत करो। सिर्फ विश्राम करो और मृत हो जाओ।

ये दो भिन्न बातें हैं। यदि तुम मृत होने की चेष्टा करोगे तो तुम्हारा सारा शरीर तनाव से भर जाएगा और जब तुम तनाव से भरे होते हो तो तुम मृत नहीं हो सकते, तुम विश्राम में नहीं हो सकते। सिर्फ शरीर को ढीला छोड़ दो जैसे कि वह है ही नहीं, जैसे कि वह मुर्दा हो गया हो। उसे मृत करने के लिए कोई प्रयास नहीं करो। सिर्फ विश्राम में रहो और महसूस करो कि शरीर मुर्दा हो गया है और तुम्हें इस विषय में कुछ भी नहीं करना है।

मैं तुमसे कहता रहा हूँ कि यदि छींक भी आती हो तो छींको मत, खांसो मत, लेकिन यदि तुम्हारे गले में खराश चलती हो तो तुम क्या करोगे? यदि तुम उसे रोकने का प्रयास करोगे तो वह और भी तेज हो जाएगी। यदि तुम उसे रोकोगे तो वह और भी जोर से आएगी क्योंकि यह एक प्रकार का दमन है और तुम्हें खांसना ही पड़ेगा या यदि तुम्हें लगे कि छींक आ रही है, तो तुम क्या करोगे? यदि तुम उसे रोकोगे तो वह और भी बलवती हो जाएगी। वह पहले से भी ज्यादा जोर से आएगी।

लेकिन एक रास्ता है – यदि तुम्हें लगे कि गले में खराश हो रही है और तुम खांसना चाहते हो तो गले को ढीला छोड़ दो। उसे रोको मत, सिर्फ गले को ढीला कर दो। खराश के प्रति उदासीन हो जाओ और गले को ढीला छोड़ दो। इसे तनाव न दो क्योंकि तनाव और अधिक खराश पैदा करेगा। गले को

ढीला छोड़ दो और इसके प्रति उदासीन ही रहो। ऐसा महसूस करो कि उससे तुम्हारा कुछ लेना-देना नहीं है और कुछ ही क्षणों में खराश चली जाएगी। यदि तुम्हें लगे कि छींक आ रही है, उसके प्रति उदासीन हो जाओ, उसके लिए कुछ भी मत करो। उस हिस्से को ढीला छोड़ दो, जहां तुम्हें लगे कि छींक जोर लगा रही है और उसके प्रति उदासीन हो जाओ।

उस उदासीनता से सौ में से निन्यानवे मौकों पर छींक विलीन हो जाएगी। सौ में से सिर्फ एक ही संभावना है कि छींक आए, लेकिन वह भी तुम्हें बाधा नहीं पहुंचाएगी, क्योंकि तुम उसके प्रति उदासीन हो कि यदि वह आए भी तो तुम्हें ऐसे लगेगा जैसे वह किसी और को आई है। तुम इतने ज्यादा उससे अलग हो कि यदि वह आती भी है तो भी उससे कोई अंतर नहीं पड़ता, भीतर तुम अविचलित ही रहोगे।

और मैं तुम्हें यह नहीं कह रहा हूँ कि छींको मत क्योंकि इससे दूसरों को बाधा पहुंचती है-नहीं और मैं तुमसे यह भी नहीं कह रहा हूँ कि खांसो मत क्योंकि दूसरों को इससे बाधा पहुंचती है। वह बात नहीं है। तुम स्वयं गड़बड़ा जाओगे। तुम सारे प्रयास का मूल बिंदु ही चूक जाओगे, सारी मेहनत व्यर्थ हो जाएगी।

सुबह के ध्यान में तनाव रहित होओ। तीसरे चरण के बाद विश्रामपूर्ण होओ। एक बात और तुम्हें स्मरण रखनी है। सुबह के ध्यान में जब मैं कहूं कि 'स्टाप' अविराम संगीत जब रुक जाए, तो अपने शरीर को व्यवस्थित मत करो, कोई आसन मत बनाओ, नीचे लेटो भी मत, जैसा है वैसा ही शरीर को छोड़ दो। तत्क्षण वहीं रुक जाओ, चाहे वह कितना ही असुविधापूर्ण हो।

तुम कूद रहे थे और वह स्थिति कोई आराम की नहीं है, उसी स्थिति में अडिग रह जाओ उसको बदलो नहीं, जैसे ही तुम्हें पता चले कि संगीत बंद हो गया है, तुम भी रुक जाओ, बिल्कुल मृत हो जाओ। क्योंकि तुम अपने शरीर को आरामपूर्ण बना सकते हो, तुम लेट सकते हो, लेकिन इस अंतराल से ही ऊर्जा में गड़बड़ी हो जाएगी, इस अंतराल से दिशा बदल जाएगी।

तीन चरणों में तुमने एक जीवंत शक्ति, एक बाढ़ जैसी शक्ति पैदा की थी। अब सिर्फ अपने शरीर को सुविधा देकर तुम उसे भूल ही जाओगे और तुम्हारा ध्यान विचलित हो जाएगा, ऐसा मत करो। जब मैं कहूं 'स्टाप' तो तुरंत रुक जाओ-वहीं जैसे हो और धोखा देने की कोशिश मत करो कि कौन देख

रहा है! क्यों न शरीर को थोड़ा आरामदायक स्थिति में कर लें। इससे किसी को क्या लेना-देना। तुम अपने को ही धोखा दे रहे हो।

एक बात और! दूसरे चरण में, जब तुम अपने सारे दमित भावों को व्यक्त कर रहे होते हो, जब तुम रेचन में पूरे पागल हो गए होते हो तो एक बात बड़े जोर से करो - अपने चेहरे की मांस-पेशियों को सिकोड़कर ढीला छोड़ दो, सिकोड़ो और छोड़ो। तुम्हारा शरीर इतना तनावपूर्ण नहीं है जितना कि तुम्हारा चेहरा सर्वाधिक अभिव्यक्त करता है, इसलिए चेहरा सारे तनावों का केन्द्र बिन्दु है और तुम्हारा चेहरा सर्वाधिक अभिव्यक्ति करता है, इसलिए चेहरा सर्वाधिक दमन करने वाला हो जाता है। अपने चेहरे से ही तुम दबाते हो या अभिव्यक्त करते हो। इसलिए दूसरे चरण में, सारे शरीर से अभिव्यक्त करो, लेकिन इसे भी स्मरण रखो, अपने चेहरे को खींचो तथा ढीला छोड़ो, खींचो और ढीला छोड़ो। इस ढंग से बहुत-से दमित भाव आसानी से निकल जाएंगे।

विश्राम कोई करने की बात नहीं है, वस्तुतः तुम विश्राम कर नहीं सकते। कोई भी नहीं कर सकता, क्योंकि विश्राम कुछ भी करने के विरुद्ध है। तुम सिर्फ करना छोड़ सकते हो और विश्राम घटित होता है। इसलिए जब मैं कहूं, 'स्टाप', और संगीत ठहर जाए तो पूर्णतया रुक जाओ जैसे कि तुम हो, फिर कुछ भी मत करो। तुम सिर्फ रुक जाओ-सब करना बंद कर दो, जरा भी हलचल नहीं। तब फिर एक बहुत गहरी शांति घटित होगी और तब तुम्हें अंतर पता चलेगा। तुम अपने को आरामपूर्ण स्थिति में रखने की चेष्टा कर रहे थे, अब से अपने शरीर को आरामपूर्ण स्थिति में रखने की कोशिश मत करो।

-ओशो

केनोपनिषद्

पांचवां चरण

उत्सव मनाएं

पन्द्रह मिनट के बाद ग्रुप लीडर संगीत शुरू करेगा, अकेले कर रहे हैं तो धीरे-धीरे समय का अंदाजा हो जाएगा।

संगीत के शुरू होते ही पांचवे चरण में प्रवेश करेंगे। संगीत की लय के साथ नाचें, उत्सव मनाएं। चौथे चरण में शान्ति, मौन का जो अहसास हुआ है उसके लिए नाचकर अस्तित्व के प्रति अहो! भाव प्रकट करेंगे। चाहें तो पांचवें चरण के अंत में कुछ मिनट के लिए लेट जाएं।

अंत में महोत्सव

प्यारे ओशो,

सुबह के ध्यान तथा दोपहर के ध्यान में, मैं जोरों से शारीरिक गतियों से प्रारंभ करता हूँ, लेकिन कहीं बीच में-विशेषतः जब संगीत और चारों ओर की चीख-पुकार बढ़ जाती है, एक अजीब-सी शांति मुझे घेर लेती है और धीरे-धीरे शरीर की गतियां मंद पड़ जाती हैं। जैसे-जैसे संगीत की आवाज बढ़ती जाती है, यह शांति गहरी होती जाती है और मुझे ऐसा अनुभव होता है जैसे मैं इस चारों ओर के तूफान में एक शांति का केन्द्र हूँ, यह स्वागत जैसा मालूम होता है। क्या यह प्रतिक्रिया है और इसलिए क्या इसे निरुत्साहित करना चाहिए? क्या मैं संकल्पपूर्वक तेज शारीरिक गतिविधियां करता ही जाऊं और केवल अंत में ही शांत होऊं?

अंत में भी जब हमें उत्सव मनाना होता है, शांत रहने में ही आनंद आता है और जितना अधिक संगीत व चीख-पुकार मचती है, उतनी ही शांति गहरी होती जाती है। यही वह शांति है जिसकी मैं बात कर रहा हूँ, जब ऊर्जा ऊपर

की ओर बाढ़ की भांति गति करती है तो ऐसी शांति तुम पर घटित होगी। इसे निरुत्साहित मत करो, इसी के लिए तो हम प्रयत्न कर रहे हैं, इसका स्वागत करो। यही है अतिथि जिसकी हम प्रतीक्षा कर रहे हैं। प्रारंभ तेजी से करो, लेकिन यदि तुम्हें लगे कि शरीर की गतियां तथा शोर अपने आप मंद होते जा रहे हैं और एक गहरी शांति तुम पर उतर रही है और चारों ओर का तूफान, शोर, चीख-पुकार आदि तुम्हारी शांति को प्रभावित नहीं करते बल्कि और गहरा करते हैं तो तुम आश्वस्त हो सकते हो कि यह वास्तविक है और तुम स्वयं को धोखा नहीं दे रहे हो तो तुम शांत बने रहो और अंत में यह घटित होगा, यदि तुम वास्तव में ही शांत हो गए हो तो शांति ही तुम्हारा महोत्सव होगी।

लेकिन यह बात अलग-अलग लोगों के साथ अलग-अलग रूप से घट सकती है। यह लोगों को अपने-अपने ढंग के अनुसार घटित होगा। कुछ लोग अपना आनंद नाचकर व्यक्त करना चाहेंगे, कुछ गीत गाकर और कुछ सिर्फ रोकर, लेकिन ये आंसू दुःख के नहीं होंगे वरन आनंद में बहेंगे। कोई सिर्फ शांत ही बना रहेगा-यही उनका महोत्सव होगा।

इसलिए इस बात की चिंता मत करो कि किस भांति महोत्सव मनाएं। जैसे भी तुम्हारे साथ यह बात घटित हो, वही तुम्हारा महोत्सव होगा और यदि इस प्रकार की शांति तुम पर उतरती है तो इसका स्वागत करो, आनंद लो। इसके साथ सहयोग करो ताकि वह अधिकाधिक गहरी हो सके।

-ओशो

केनोपनिषद्

सक्रिय ध्यान के अंतिम चरण में एक शांति, किंतु उदासी-सी घेर लेती है जबकि आप उत्सव मनाने को कहते हैं। इस उदासी में कैसे उत्सव मनाएं और कैसे नाचें?

उदासी में क्या बुराई है? उदास नृत्य नहीं हो सकता? और बड़ा मजा तो यह है, कि अगर तुम उदास होकर नाचो तो जल्दी ही तुम पाओगे, उदासी बदल गई। नाच उदासी को बदल देगा। इसलिए रुको मत, आज अगर उदासी का क्षण है तो उदासी में ही नाचो, नाच को रोको मत, क्योंकि रोकने से तो उदासी गहन ही हो जाएगी, बोझ हो जाएगी। नाचने से उदासी बिखर जाएगी

जैसे, सूरज निकल आया और बादल हट गए। ऐसे अगर तुम सच में नाचे तो बादल हट जाएंगे।

इसे तुम समझने की कोशिश करो, उदास व्यक्ति नाच सकता है, लेकिन नाचने वाला व्यक्ति उदास नहीं रह सकता। उदासी में कोई बाधा नहीं है, चलो थोड़े उठेंगे पर घुंघरू में पूरी झनकार न आएगी, ठीक सही, आज ऐसा ही सही। हाथ-पैर, पूरी उमंग से नहीं उठते, सुस्ती घेरे हुए है, चलो ऐसा ही सही, लेकिन उठाओ हाथ-पैर नाचो, गाओ, उदास गीत गाओ, मगर गाओ।

अगर तुमने गाया और नाचे तो तुम जल्दी ही पाओगे, तुम्हें पता ही न चलेगा, कब उदासी में शुरू हुआ गीत, उदासी को मिटा गया। कब उदासी में उठे पैर, नृत्य...। उदासी कब खो गई, पता नहीं चलेगा। अचानक तुम पाओगे, उदासी नहीं है, अब तुम नाच रहे हो।

जीवन के प्रत्येक अनुभव से नृत्य निकल सकता है। जीवन के प्रत्येक अनुभव को उत्सव बनाया जा सकता है और यही तो कला है धर्म की, कि तुम जीवन के प्रत्येक अनुभव से...

तुम क्रोधित हो, कोई फिक्र नहीं, आज तुम नाचो। तांडव सही, आज तोड़-फोड़ का मन हुआ है, नाचो। तुम्हारे नृत्य को तोड़-फोड़ करने दो। मगर तुम जल्दी ही पाओगे कि नृत्य ने तुम्हारी क्रोध की ऊर्जा को निष्कासित कर दिया, रेचन हो गया। क्रोध विलीन हो गया, झंझावात जा चुका है, अब तुम नाच रहे हो बड़े हल्के होकर, पंख लग गए हैं तुम्हें।

उदासी हो या क्रोध, उत्सव तो हो ही सकता है। उत्सव में किसी चीज से कोई बाधा नहीं पड़ती। यह एक गलत दृष्टि है तुम्हारी कि आज उदास हैं तो कैसे नाचें, जब खुश होंगे, तभी नाचेंगे। तब तुम कभी भी न नाचोगे। क्योंकि उदास तुम आज हो। इसी उदासी को ढोओगे, इससे खुशी कैसे निकलेगी? तुम्हारी खुशी में भी उदासी का बोझ रहेगा। तुम्हारी खुशी भी उदासी से दबी होगी। तुम खुश भी होओगे तो समग्रता से न हो पाओगे। तुम हंसोगे भी, तो तुम्हारी हंसी पूरी न होगी, पीछे पत्थरों का बोझ अटका रहेगा।

तुम लोगों को हंसते देखते हो, कभी निरीक्षण किया? बहुत कम लोग हैं जो हृदयपूर्वक हंसते हैं। मुश्किल से कभी कोई ऐसा व्यक्ति मिल जाए, उसके पैर छूना, जो हृदय से हंसता हो। बस, होंठ पर ही आती है, बहुत गहरी गई

तो कंठ तक जाती है, लेकिन हृदय तक नहीं जाती। क्योंकि हृदय में तो जन्मों-जन्मों की उदासी घिरी है।

वहां से तो आ नहीं सकती हंसी। वहां तो द्वार बंद है। वहां तो कभी दीया जला ही नहीं। वहां तो कभी किसी ने अर्चना नहीं की, धूप नहीं जलाई। वहां तो सब गंदा हो गया है। उस अंधेरे में तो सिर्फ सांप-बिच्छू रहते हैं और इसलिए तो आदमी भीतर जाने से डरते हैं। लोग कहते हैं, भीतर जाओ, भीतर जाओ। वे घबराते हैं भीतर जाने से, क्योंकि भीतर सिवाय अंधकार के कुछ दिखाई नहीं पड़ता।

कबीर कहते हैं, सूर्यों का सूर्य जल रहा है भीतर, पर तुम जब जाते हो तो अंधेरा-का-अंधेरा दिखाई पड़ता है। कबीर गलत नहीं कहते, दादू गलत नहीं कहते। मगर वह अंधेरे की सीमा पार करनी पड़ेगी। उस अंधेरे के मरघट में ही छिपा है सूरज।

जिस दिन कोई समाज नाचना भूल जाता है, उसी दिन समाज रुग्ण हो जाता है। जंगल में आदिवासी हैं, नाचते हैं, उनके स्वास्थ्य की बात ही और है। आधी-आधी रात तक नाचते हैं, तारों तले नाचते हैं, तारों के नीचे, तारों की तरह ही नाचते हैं। सो जाते हैं थके-मांदे, लेकिन उस थकान में थकान नहीं है, उस थकान में एक हल्कापन है। फिर जब सुबह आदिवासी उठता है, तो उस उठने में फर्क है तुम्हारे उठने से। तुम सोते थोड़े ही हो, तुम सोते में भी सपना देखते रहते हो, सोते में भी तुम जागने का सारा व्यापार जारी रखते हो। सोते में भी तुम वही दुःस्वप्न देखते रहते हो, जो तुमने जागते में देखे। वही बाजार, वही मित्र, वही शत्रु, वही गोरखधंधा। नींद में भी तुम तड़पते ही रहते हो। नींद भी तुम्हारी शांत घटना नहीं है। आदिवासियों से पूछो, कि तुमने सपना देखा? तुम्हें मुश्किल से कभी कोई आदिवासी कहेगा कि हां, एक बार जीवन में देखा था।

मनोवैज्ञानिक जब पहली दफा आदिवासियों का अध्ययन करने लगे तो चकित हुए, क्योंकि वे कहते ही नहीं कि कभी उन्होंने सपना देखा। सपने की कोई जरूरत नहीं, कुछ इकट्ठा ही नहीं होता। सुबह ताजे उठते हैं पशुओं और पक्षियों की भांति और पौधों की भांति। फिर दिन-भर का काम है, व्यवसाय है। वह काम भी छोटा-मोटा है भोजन के लिए, छप्पर के लिए। जीवन की उनकी जरूरतें थोड़ी हैं, वे पूरी हो जाती हैं। सांझ फिर नाच है, नाच उनकी प्रार्थना है, नाच उनका धर्म है।

सभ्यता सबसे पहले नाच को छुड़वा देती है। सभ्य आदमी नाचने से डरने लगता है। कोई सभ्य जाति नाचती नहीं और अगर नाचती भी है तो उसका नाच सिर्फ कामुक होता है। कामुक नाच, नाच का एक बहुत ही निम्नतम ढंग है।

मैं तुमसे कह रहा हूँ उत्सव। नृत्य को तुम उत्सव बनाओ। मैं तुमसे कह रहा हूँ, वह तुम्हारे पूरे जीवन-ऊर्जा का खिलाव बन जाए, फूल की तरह खिल जाए। तुम पाओगे, उस नृत्य से तुम्हारा जीवन बदलना शुरू हो गया। तुम उदास कम होते हो, क्रोधित कम होते हो, क्योंकि तुम इकट्ठा ही नहीं करते। वह कचरा तुम नाच में फेंक देते हो। तुम्हारे हाथ एक कीमिया लग गई - एक तरकीब, जिससे तुम लोहे को सोना बना लेते हो; जिससे तुम व्यर्थ को सार्थक बना लेते हो। हर नाच के बाद तुम पाओगे, तुम इतने ताजे होकर वापस आए जैसे, भीतर का एक स्नान हो गया। तुम मत रुको कभी इस कारण कि उदासी मालूम पड़ती है।

सच तो यह है कि मेरे अनुभव में अनेक लोगों का निरीक्षण करने से यह पता चलता है कि तुम शांति से इतने अपरिचित हो गए हो कि जब शांति आती है तो तुम समझते हो कि यह उदासी है। तुम शांति भूल गए हो। तुम्हें याद ही नहीं कि शांति का गुणधर्म क्या है? शांति के निकटतम जो तुम्हारी अनुभूति है, वह उदासी की है बस! तो शांति जब पहली दफा उतरती है, तो तुम समझते हो, ढीले-ढीले उदास हो गए हो। एक्साइटमेंट नहीं है, उत्तेजना नहीं है, उदास हो गए।

सुख के नाम पर तुमने उत्तेजना जानी है और शांति के नाम पर तुमने उदासी जानी है। तुम्हारा जीवन बिल्कुल झूठा है, तुम नकली सिक्कों में जी रहे हो। इसलिए तुम्हारी व्याख्या मैं समझता हूँ कि तुम्हारी व्याख्या भ्रांत है, लेकिन तुम भी क्या करोगे? तुम उसी से तो पहचानोगे नए अनुभव को जो तुम्हारा पिछला अतीत का अनुभव रहा है। ज्ञान से ही तो तुम अज्ञात के लक्षण को जानोगे।

तुम उदासी जानते हो तो जब भी तुम शांत होते हो, तुम्हें उदासी पकड़ लेती है। वह उदासी नहीं है, एक नई घटना का आविर्भाव हो रहा है। तुम्हारे भीतर शांति घनीभूत हो रही है और अगर तुम समझ जाओ कला को, तो तुम हर उदासी को शांति में रूपांतरित कर सकते हो और अगर तुम न समझो तो

हर शांति को तुम उदासी समझोगे और उससे छूटने का उपाय करोगे।

ध्यान तुम्हें जो दे जाए, कोई फिक्र नहीं कि वह क्या है। शर्त मत लगाओ, कि हम कब नाचेंगे। ध्यान तुम्हें जो दे जाए, समझो कि परमात्मा का वही प्रसाद है आज के दिन, नाचो।

कल सांझ ही मैं कह रहा था कि एक सूफी फकीर निरंतर कहा करता था कि परमात्मा तेरा धन्यवाद! अहोभाग्य हैं मेरे कि मेरी जो जरूरत होती है, तू तत्क्षण कर देता है।

उसके शिष्य उससे धीरे-धीरे परेशान हो गए। यह बात सुन-सुनकर क्योंकि वे कुछ देखते नहीं थे कि कौन-सी जरूरत पूरी हो रही है। फकीर गरीब था, शिष्य भूखे मरते थे, कुछ उपाय न था और यह रोज सुबह-सांझ पांच बार मुसलमान फकीर, पांच प्रार्थना करता और पांच बार भगवान को धन्यवाद देता और ऐसे अहोभाव से तो शिष्यों को लगता कि यह भी क्या मामला है।

एक दिन हद ही हो गई। यात्रा पर थे, तीर्थ-यात्रा के लिए जा रहे थे। तीन दिन से भूखे-प्यासे थे। एक गांव में सांझ थके-मांदे आए। गांव के लोगों ने ठहराने से इनकार कर दिया तो वृक्षों के नीचे भूखे, थके-मांदे पड़े हैं और आखिरी प्रार्थना का क्षण आया, कोई उठा नहीं। क्या प्रार्थना करनी है? किससे प्रार्थना करनी है? हो गई बहुत प्रार्थना। यह क्षण नहीं था प्रार्थना का, लेकिन गुरु उठा, उसने हाथ जोड़े। वही अहोभाव कि धन्यवाद परमात्मा, जब भी मेरी जो भी जरूरत होती है, तू तभी पूरी कर देता है।

एक शिष्य से यह बर्दाश्त न हुआ। उसने कहा, "बंद करो बकवास। यह हम बहुत सुन चुके, अब आज तो बिल्कुल ही असंगत है। तीन दिन से भूखे-प्यासे हैं, छप्पर सिर पर नहीं है, ठंडी रेगिस्तानी रात में बाहर पड़े हैं, किस बात का धन्यवाद दे रहे हो?"

उस फकीर ने कहा, "आज गरीबी मेरी जरूरत थी। आज भूख मेरी जरूरत थी, वह उसने पूरी की। आज नगर के बाहर पड़े रहना, मेरी जरूरत थी। आज गांव मुझे स्वीकार न करे, यह मेरी जरूरत थी और अगर इस क्षण मैं इसे धन्यवाद न दे पाया तो मेरे सब धन्यवाद बेकार हैं। क्योंकि जब यह तुम्हें कुछ देता है जो तुम्हारे मन के अनुकूल है तब धन्यवाद का क्या अर्थ? जब वह तुम्हें कुछ देता है जो तुम्हारे मन के अनुकूल नहीं है, तभी धन्यवाद का

कोई अर्थ है। और जब उसने दिया है तो जरूर मेरी जरूरत होगी अन्यथा वह देगा ही क्यों? आज यही जरूरी होगा मेरे जीवन उपक्रम में, मेरी साधना में, मेरी यात्रा में कि आज मैं भूखा रहूं, कि गांव अस्वीकार कर दे, कि खुले रेगिस्तान में रात की ठंडी रेत में पड़ा रहूं। आज यही थी जरूरत और अगर इस जरूरत को उसने पूरा किया है और मैं धन्यवाद न दूं तो बात ठीक न होगी।

ऐसे व्यक्ति को ही परमात्मा उपलब्ध होता है तो तुम उदास हो तो समझ लो कि यही थी तुम्हारी जरूरत। आज परमात्मा ने चाहा कि उदासी में नाचो तो नाच नहीं रुके, धन्यवाद बंद न हो, उत्सव जारी रहे।

सक्रिय ध्यान से सम्बन्धित प्रश्न और ओशो के उत्तर

आप बात तो निष्क्रियता की करते हैं, लेकिन आपके ध्यान सक्रिय हैं। ऐसा क्यों?

इसका कारण है, इसके पीछे तर्क है यदि वह तुम्हें पागलपन भी दिखता है तो भी इस पागलपन के पीछे एक पद्धति है और पद्धति यह है कि जब तक तुम पूर्णतया सक्रिय नहीं हो जाते, तुम परम निष्क्रियता को उपलब्ध नहीं हो सकते।

यदि दिन-भर तुमने कठिन परिश्रम किया है तो सायं जब तुम घर लौटते हो, नींद तुम्हें पहले घेरे होती है, तुम निद्रा की ओर अग्रसर हो रहे होते हो, तुम नींद में जाने के लिए तैयार हो। निर्धन लोग, यहां तक कि भिखारी भी अनिद्रा की बीमारी से पीड़ित नहीं होते। यह केवल धनी लोगों की बीमारी है। अनिद्रा की बीमारी एक बहुत बड़ी विलासिता है जिसे भोगने का सामर्थ्य सब में नहीं है। केवल वही लोग नहीं सो पाते जो पूरा दिन आराम करते रहते हैं। जिन्होंने दिन में कोई काम नहीं किया। उनका तर्क मूढ़तापूर्ण है, लेकिन है तर्कसंगत। उनका सोचना है कि जब वे पूरा दिन स्वयं को निद्रा के लिए प्रशिक्षण देते रहे हों तो नींद आसानी से आनी चाहिए। वे आराम करते हैं, पूरा दिन विश्रांत रहे हैं, रात्रि की प्रतीक्षा में गहन तैयारी करते हुए, लेकिन रात्रि में वे पाते हैं कि वे सो नहीं पा रहे, निद्रा असंभव हो गई है। यदि पूरा दिन तुम विश्रांत रहे हो तो रात्रि में कैसे सो पाओगे? जीवन दो ध्रुवों के बीच बहता है। इसलिए मैं कहता हूं कि यदि अकेले होना चाहते हो तो प्रेम करो, यदि पूर्णतया, नितांत अकेले होना चाहते हो तो दूसरे में समाते चले जाओ। यदि निष्क्रिय होना चाहते हो तो सक्रिय हो जाओ। विपरीत ध्रुवों से भयभीत मत होओ। जीवन ध्रुवों में ही चलता है। इसीलिए जीवन-जीवन भी है, मृत्यु भी- मृत्यु इसका दूसरा छोर है।

परम निष्क्रियता को उपलब्ध हो जाओ, निष्क्रिय होना सीखो। हमेशा कर्ता ही मत बने रहो, कभी-कभी चीजों को घटने भी दो। सच तो यह है कि महान चीजें घटती हैं, की नहीं जातीं। प्रेम घटता है, कोई भी प्रेम 'कर' नहीं सकता। यदि कोई तुम्हें आज्ञा दे, यहां तक कि एडॉल्फ हिटलर भी तुम्हें आज्ञा दे कि जाओ और प्रेम करो तो तुम क्या करोगे? यह असंभव है। मेरे देखे, जो लोग बिना सचमुच प्रेम में पड़े, प्रेम करने लगते हैं वे इसे बाहर से देखना प्रारंभ कर देते हैं, एक प्रकार का साक्षित्व घटने लगता है। विशेषतः वेश्याएं साक्षी हो जाती हैं क्योंकि वे व्यक्ति से प्रेम तो करती नहीं, इसलिए लिप्त नहीं होतीं। केवल उनका शरीर क्रीड़ा करता है, प्रेम का खाली प्रदर्शन और वे हमेशा बाहर रहती हैं। पूरी क्रीड़ा चल रही होती है, लेकिन वे बाहर रहती हैं। वे आसानी से दृष्टा हो सकती है। प्रेमी वेश्याओं से कभी मुकाबला नहीं कर सकते क्योंकि वे लिप्त हो जाते हैं, वे स्वयं को भूल जाते हैं। स्मरण रखो कि दोनों ध्रुवों में विचरना है और यदि तुम सचमुच सजग होना चाहते हो तो मैं तुम्हें कभी-कभी स्वयं को पूर्णतया भूल जाने का सुझाव दूंगा। इतनी समग्रता से आलिप्त हो जाओ कि मानो तुम हो ही नहीं और जब अकस्मात् तुम वापस लौटते हो तो तुम संपूर्णता से उपस्थित होते हो। भूलते हुए, स्मरण करते हुए, जीते हुए, मरते हुए, जागते हुए, सोते हुए, प्रेम करते हुए, ध्यान करते हुए दो छोरों पर विचारो, विपरीत का उपयोग कर लो, गाड़ी के दो पहियों की भांति हो जाओ या पक्षी के दो पंखों की तरह। एक ही छोर पर मत रहो, नहीं तो संवेदनशुन्य हो जाओगे।

परम निष्क्रियता को उपलब्ध हो जाओ और सदैव स्मरण रहे कि जो भी सुंदर है, वह स्वयं घटता है, प्रेम स्वयं घटता है, तुम इसे कर नहीं सकते ध्यान घटता है, तुम इसे कर नहीं सकते। विश्रांति घटती है, तुम इसे ला नहीं सकते। सच तो यह है कि जीवन तुम्हें घटा है तुमने इसके बारे में कुछ नहीं किया और मृत्यु भी घटेगी, तुम इसके बारे में कुछ नहीं कर सकते। वह सब जो सुंदर है, गहन है, गहरा है, घटता है। मनुष्य केवल व्यर्थ बातें कर सकता है।

तुम श्वास तक नहीं ले सकते। वह भी स्वयं घटती है। घटना जगत से समस्वर हो जाओ। यदि तुम मुझसे पूछो तो भौतिक जगत क्रिया का जगत है और आध्यात्मिक जगत घटनाओं का। कृत्य करो, पर फिर तुम केवल वस्तुओं को पाओगे, बस हो रहो और घटनाओं को घटने दो तो तुम अस्तित्व के केन्द्र को पा लोगे। परमात्मा प्रयास से नहीं पाया जाता, परमात्मा घटता है। तुम्हें उसे

घटने देना है-तुम उसके साथ आक्रामक नहीं हो सकते, तुम उसके साथ हिंसा नहीं कर सकते, संपूर्ण क्रिया हिंसा है, तुम केवल उसे होने दे सकते हो।

-ओशो

ताओ द थ्री टेजर्स

सक्रिय ध्यान के पहले चरण में श्वास गहरी लेनी है या तीव्र, डीप या फास्ट?

तीव्रता का ख्याल रखें, गहरी अपने आप हो जाए तो बात अलग। आप गहरे का, डीप का ख्याल न करें। आप सिर्फ तीव्रता का, फास्टनेस का ख्याल रखें-जितने जोर से, जितनी तेजी से, तेजी इसलिए ताकि चोट हो सके। वह जो भीतर सोई हुई शक्ति है, उसे उठाया और जगाया जा सके। हैमरिंग के लिए, हथौड़े की तरह चोट हो सके कुंडलिनी पर, इसलिए तेज का ख्याल रखें।

श्वास नाक से ही लेनी है या मुंह से भी ली जा सकती है?

जहां तक बने नाक से ही लेनी है और नाक से ही छोड़नी है। अगर किसी को कठिनाई हो तो नाक से ले और मुंह से छोड़े। अगर सर्दी या जुकाम की कोई तकलीफ हो तो नाक से लेना संभव न हो, उस हालत में मुंह से ली और छोड़ी जा सकती है।

पूरे समय ध्यान करते वक्त मन के किसी कोने में कोई कहता है-यह क्या कर रहे हैं? यह क्या कर रहे हैं?

जरूर कोई कहता रहेगा, वही आप हैं। कोई नहीं, वही आप हैं। आपके मन ने कभी ध्यान नहीं किया है। आपने कभी ध्यान नहीं किया है। आपका पूरा अतीत, आपकी पूरी स्मृति ध्यान से रिक्त और सूनी है। वही पूरा मन कह रहा है-यह क्या कर रहे हैं? उसकी समझ के आप बिल्कुल बाहर कर रहे हैं। उसकी समझ में नहीं आ रही है बात। आएगी भी नहीं, क्योंकि मन अपरिचित है। परिचित हो जाएगा तो नहीं कहेगा कि क्या कर रहे हैं। अगर आनंद की झलक मिल जाएगी तो फिर कभी नहीं कहेगा कि क्या कर रहे हैं।

मन का नियम है जिसे वह जानता है उससे राजी हो जाता है, जिससे अपरिचित है उससे दूर हटता है। अपरिचित शत्रु मालूम पड़ता है और मन का यह भी नियम है कि केवल आनंद की ओर ही प्रवाहित होता है। चाहे झूठा आनंद ही क्यों न हो। जहां आनंद दिखाई पड़ता है वहीं जाता है। चाहे मिले, न मिले, यह

दूसरी बात है, लेकिन आभास भी हो आनंद का तो मन जाता है। ध्यान के आनंद को तो हमने कभी जाना नहीं। वह अपरिचित लोक है, अनजान क्षेत्र है, उस दुनिया में हम कभी प्रविष्ट नहीं हुए। मन पूछता है, यह क्या कर रहे हैं? यह क्या कर रहे हैं? उसे पूछने दें, उसका पूछना बिल्कुल स्वाभाविक है। उससे लड़ें भी मत, उसे दबाएं भी मत, उसे पूछते रहने दें और आप ध्यान जारी रखें।

जैसे ही ध्यान में रस और आनंद की झलक मिलनी शुरू होगी, मन खुद ही कहेगा, ठीक कर रहे हो, ठीक कर रहे हो, मन खुद ही दिन में पचास बार कहेगा, ध्यान करें, फिर करें और करें। मन कभी रोकता नहीं। सिर्फ आनन्द का उसे थोड़ा-सा भी अनुभव हो जाए तो मन उसी दिशा में प्रवाहित होने लगता है जैसे, पानी नीचे की ओर बहता है, ऐसा मन आनंद की ओर बहता है। झूठे आनंद की ओर भी जब बह जाता है तो सच्चे आनंद की ओर नहीं बहेगा, ऐसा सोचने का कोई भी कारण नहीं है।

लेकिन आनंद का अनुभव होने दें। अगर इस मन की मान कर रुक गए कि क्या कर रहे हो तो रुक जाएंगे। मन को कहने दें। उसके लिए नई बात है, उसे कहने दें, कहते रहने दें। आप ध्यान में उतरते चले जाएं जैसे ही आनंद की जरा-सी किरण फूटेगी और मन राजी होकर बहने लगेगा। उसे बहाने की भी कोई कोशिश करने की जरूरत नहीं पड़ती है।

-ओशो

ध्यान दर्शन रु 2

क्या तीव्र श्वास को तीनों चरणों में जारी रखा जा सकता है?

आप पर निर्भर है। पहले चरण में रखना ही है, वह मस्ट। पहले चरण में छोड़ना नहीं है दस मिनट। उसके बाद आप पर निर्भर है। अगर आपको सुविधापूर्ण लगे तो आप बाकी दो चरणों में या एक चरण में जारी रख सकते हैं। चौथे चरण में जारी नहीं रखना है, वह मस्ट नॉट। पहले चरण में जारी रखना ही है, चौथे चरण में जारी नहीं रखना है। बाकी दो चरणों में आपकी निजी सुविधा की बात है। आपको लगे कि आप नाचने, कूदने, चिल्लाने के साथ गहरी श्वास जारी रख सकते हैं, रखें। 'मैं कौन हूँ?' पूछने के साथ रख सकते हैं रखें, लेकिन महत्त्व दूसरे चरण में कूदने, नाचने, रोने-चिल्लाने का होगा, एंफेसिस उस पर होगी, श्वास गौण होगी प्रमुख नहीं। तीसरे चरण में, 'मैं कौन हूं?' इसकी

इंक्वायरी प्रमुख होगी, श्वास गौण होगी और न रख सकें तो कोई हर्ज नहीं है, पहले चरण में पर्याप्त है।

सवाल ज्यादा देर तक श्वास गहरी रखने का नहीं है, सवाल दस मिनट इंनटेसली गहरा रखने का है, इक्सटेंसिवली नहीं। तीस मिनट भी अगर आपने धीरे-धीरे गहरी रखी तो परिणाम नहीं होगा और दस मिनट भी अगर पूरी ताकत से रखी तो परिणाम होगा। इसलिए सवाल इनटेंसिटी का है, एक्सटेंशन का नहीं है, विस्तार का नहीं है, गहराई का है, गहराई पर ध्यान दें।

प्रश्न : जब हम आपके सानिध्य में ध्यान करते हैं या टेप के जरिए ध्यान करते हैं तो चरण बदलने के लिए दस मिनट का पता चल जाता है, लेकिन यदि अपने आप टेप के बिना ध्यान कर रहे हों तो समय का पता कैसे चले?

कोई फर्क नहीं पड़ता। दस मिनट कि आठ मिनट हुए कि बारह मिनट हुए तो कोई अंतर नहीं पड़ता। अनुमान से आप जारी रखें और दस-पांच दिन में आपको अनुमान थिर हो जाएगा। हमारी कठिनाई हो गई है, क्योंकि हमने झूठे सब्स्टीट्यूट बना लिए हैं। इसलिए हमारे भीतर की जो घड़ी है, वह काम नहीं कर पा रही है, अन्यथा बायोलॉजिकल वॉच भी भीतर है, जो काम करती है। आपको ग्यारह बजे रात, बारह बजे रात नींद क्यों आने लगती है? सुबह अगर आप छह बजे उठते हैं या चार बजे तो नींद क्यों टूट जाती है? अगर आप बारह बजे खाना खाते हैं या एक बजे तो ठीक एक बजे भूख क्यों लग जाती है, क्या कारण है?

एक बायोलॉजिकल टाइम है, भीतर एक जैविक काम चल रहा है जैसे ऋतुएं बदलती हैं। कहीं कोई घड़ी और कहीं कोई कैलेंडर नहीं है, वक्त पर बदल जाती है। सांझ होती है, सुबह होती है, सूरज वक्त पर सुबह बन जाता है, सांझ बन जाता है। वैसे भीतर एक रिदम है प्रत्येक चीज की, उस रिदम में अपने आप सब चीजें ठीक बैठ जाती हैं।

दस-पांच दिन आप ध्यान करेंगे, आपके भीतर की घड़ी पकड़ देगी। ठीक दस मिनट, ठीक दस मिनट प्रक्रिया हो जाएगी, लेकिन हमारा भरोसा अपने पर खो गया है। जितने हमने इंस्ट्रूमेंट तैयार कर लिए हैं, उतना अपने ऊपर से भरोसा खो गया है। कोई अपने पर भरोसा नहीं है।

रात सोते वक्त तय करके सो जाएं कि सुबह पांच बजे उठना है तो ठीक सुबह पांच बजे नींद खुल जाएगी। अब नींद में आपने उठकर घड़ी नहीं देखी,

जागकर आप देखते हैं तो ठीक पांच बजे हैं और कई बार तो ऐसा होगा कि आप ठीक पांच बजे का निर्णय करके सो जाएं और घड़ी अगर गलत हो तो आप मिला लें।

थोड़ा ध्यान का प्रयोग बढ़ेगा तो आपके भीतर की बायोलॉजिकल टाइम सेंस पैदा होनी शुरू हो जाएगी। वह सब अस्तव्यस्त हो गई है। क्योंकि हम उसका कोई उपयोग नहीं कर रहे हैं। सब चीज का समय है, वह भीतर से पकड़ लिया जाता है। उसकी बहुत फिक्र न करें और दस के बारह मिनट हों कि आठ, इससे ज्यादा भूल नहीं होगी, उससे कोई हर्जा होने वाला नहीं है।

-ओशो

ध्यान दर्शन रु 9

सक्रिय ध्यान के प्रयोग से शरीर थक जाता है तो प्रयोग जारी रखें या न रखें?

आप में से भी बहुतों को शरीर के किसी अंग के थक जाने का ख्याल आएगा। स्वाभाविक है, जब शरीर का कोई अंग इतनी गति करेगा, इतना व्यायाम हो जाएगा तो थकेगा ही, लेकिन दो-चार-छह दिन। जैसी कोई भी नया व्यायाम करते वक्त थकान मालूम होगी, वैसी ही। दो-चार दिन में ठीक हो जाएगा और जब ठीक होगा, तो आपको पहली दफे पता चलेगा कि जो अंग आपका इस बीच मूवमेंट किया, गति किया, वह रुग्ण था, लेकिन जब तक स्वस्थ न हो जाए वह अंग तब तक पता भी नहीं चल सकता है जैसे, किसी आदमी के सिर में दर्द हो बचपन से ही चौबीस घंटे दर्द हो तो वह जानेगा कि यह दर्द ही उसका सिर है। एक बार दर्द छूटे तो ही उसे पता चलेगा कि दर्द सिर नहीं था।

जो अंग आपका मूवमेंट कर रहा है ज्यादा, वह इस बात का सबूत है कि वह अंग किसी तनाव से पीड़ित है, अकारण नहीं कर रहा है। वह तनाव उस अंग से निकलने की कोशिश कर रहा है। उस कोशिश में वह अंश थकेगा। उसे थकने दें, उसकी फिक्र न करें। वह दो-चार दिन में ठीक हो जाएगा। थकान भी चली जाएगी और वह अंग स्वस्थ भी हो जाएगा।

हमारे मन में जो भी वेग हम दबाते हैं, उनसे ठीक एसोसिएटेड, उनसे जुड़े हुए पैरेलल हमारे शरीर के अंग होते हैं। हमारे शरीर और मन में प्रत्येक चीज समानांतर है। कुछ भी मन में घटित होता है तो शरीर में घटित होता है। कुछ भी शरीर में घटित होता है तो मन तक प्रतिध्वनित होता है। इसलिए मन के

प्रत्येक वेग का शरीर में भी कोई हिस्सा है और उस हिस्से का कंपन, उस हिस्से की गति, मूवमेंट, मन के किसी वेग की निर्जरा है। उसे रोकें मत, दो-चार-आठ दिन में उसकी थकान तो अपने आप चली जाएगी और जब थकान जाएगी, तब आप पहली दफे समझेंगे कि आपका कोई अंग जो सदा से बीमार था, स्वस्थ हो गया है। पूरा शरीर भी थक जाए तो भय न करें। दो-चार-आठ दिन में वह भी ठीक हो जाता है और जब वह ठीक होगा तो शरीर के स्वास्थ्य का एक नया ही अर्थ मालूम पड़ेगा।

-ओशो

ध्यान दर्शन रु 9

मैं सक्रिय ध्यान का प्रयोग छह महीने से कर रहा हूं, लेकिन अभी भी कैथार्सिस जारी है, अभी भी रेचन जारी है रोना, चिल्लाना, कूदना, हंसना जारी है। यह कब तक रहेगा?

घबराएं न। क्योंकि हमारे जो उपद्रव्य हैं मन के, वे एक जन्म के नहीं अनेक जन्मों के हैं, लेकिन जल्दी निकल सकते हैं अगर इनटेंसिटी बढ़ जाए। तो हम इनटेंसिटी बढ़ने नहीं देते तो फिर धीरे-धीरे निकलते हैं, बहुत वक्त ले लेते हैं।

एक दिन में भी निकल सकते हैं, अगर आप पूरा सहयोग दे दें। टोटल पार्टिसिपेशन अगर आपका हो तो एक दिन में भी निकल सकते हैं, लेकिन वह होता नहीं तो धीरे-धीरे निकलते हैं, बड़ा रिजर्वायर है भीतर उपद्रव का। अब एक-एक बूंद आप निकालते हैं, तो बहुत वक्त लग जाता है। तोड़ दें दीवार, तो आज भी निकल सकता है, एक क्षण में भी निकल सकता है। उतनी ही देर लग जाएगी जितने धीरे-धीरे आप सहयोग करेंगे। सहयोग पूर्ण होगा तो जल्दी हो जाएगा। भयभीत न हों, उसको निकलने दें।

-ओशो

ध्यान दर्शन रु 3

यदि घर पर सक्रिय ध्यान के प्रयोग को करें तो आस-पास के लोग पागल समझने लगेंगे। ऐसे में क्या करें?

आसपास के लोग अभी भी पागल ही समझते हैं एक-दूसरे को। कहते न होंगे, यह दूसरी बात है। यह पूरी जमीन करीब-करीब मेड हाउस है, पागलखाना है। अपने को छोड़कर बाकी सभी लोगों को लोग पागल समझते ही हैं, लेकिन अगर आपने हिम्मत दिखाई और इस प्रयोग को किया तो आपके

पागल होने की संभावना रोज-रोज कम होती चली जाएगी। जो पागलपन को भीतर इकट्ठा करता है, वह भी पागल हो सकता है। जो पागलपन को उलीच देता है, वह कभी पागल नहीं हो सकता।

फिर एक-दो दिन, चार दिन दिलचस्पी लेंगे, चार दिन बाद कोई गौर करने को तैयार नहीं है। कोई आदमी दूसरे में इतना उत्सुक नहीं है कि बहुत ज्यादा देर दिलचस्पी ले और आपके चौबीस घंटे के व्यवहार में जो परिवर्तन पड़ेगा। आप जब क्रोध में होते हैं तब कभी आपने सोचा कि लोग पागल समझेंगे कि नहीं समझेंगे। क्योंकि आप पागल होते ही हैं, लेकिन अगर यह ध्यान का प्रयोग चला तो आपके चौबीस घंटे के जीवन में रूपांतरण हो जाएगा। आपका व्यवहार बदलेगा, ज्यादा शांत होंगे, ज्यादा मौन होंगे, ज्यादा प्रेमपूर्ण, ज्यादा करुणापूर्ण होंगे। यह भी लोगों को दिखाई पड़ेगा।

इसलिए घबराएं न, चार दिन उन्हें पागल समझने दें। चार दिन के बाद, आठ दिन के बाद, पंद्रह दिन के बाद आपसे पूछने वाले हैं वही लोग कि यह आपको जो फर्क हो रहा है, क्या हमें भी हो सकता है?

घबरा गए पब्लिक ओपिनियन से-लोग क्या कहते हैं-तब तो बहुत गहरे नहीं जाया जा सकता। हिम्मत करें और लोग पागल समझते हैं या बुद्धिमान समझते हैं, इससे कितना अंतर पड़ता है? असली सवाल यह है कि आप पागल हैं या नहीं। असली सवाल यह नहीं है कि लोग क्या समझते हैं? अपनी तरफ ध्यान दें कि आपकी क्या हालत है, वह हालत पागल की है या नहीं है। उस हालत को छिपाने से कुछ न होगा, उस हालत को मिटाने की जरूरत है।

-ओशो

ध्यान दर्शन रु 7

ध्यान में शरीर बिल्कुल ही गायब हो जाता है और जो बचता है वह बहुत विशाल ओर-छोर से परे लगता है, पर ध्यान के बाद शेष दिन में शरीर का बोध शुरू हो जाता है, फिर शुद्र शरीर का अनुभव होने लगता है तो क्या यह सब अहंकार की लीला है?

इस संबंध में तीन बातें ख्याल में लेनी चाहिए। एक तो ध्यान में जैसे ही गहराई बढ़ेगी, शरीर तिरोहित हो जाएगा या कभी-कभी बहुत विशाल हो जाएगा या कभी ऐसा भी हो सकता है कि बहुत शुद्र, बहुत छोटा भी हो जाएगा, जितना है उससे भी छोटा मालूम पड़ेगा। शरीर की प्रतीति मन पर

निर्भर है। यदि मन बहुत फैल जाता है तो शरीर फैला हुआ मालूम पड़ने लगता है। मन अगर बहुत सिकुड़ जाता है तो छोटा मालूम पड़ने लगता है। शरीर की सीमा वस्तुतः मन की सीमा से ही प्रतीत होती है। यह अनुभव सिद्ध है और अहंकार की लीला नहीं है, ध्यान का परिणाम है।

लेकिन ध्यान के बाद स्वाभाविक है कि फिर शरीर जितना था उतना ही मालूम पड़ने लगे। इसमें चिंतित होने की कोई बात नहीं है। जिन मित्रों को ऐसा हो रहा हो, दिन में जब भी उन्हें सुविधा मिले, एक-दो क्षण को भी तो आंख बंद कर लें और पुनः शरीर के विराट होने को अनुभव करते रहें। दिन में दो-चार बार अनुभव करें, रात सोते समय पुनः अनुभव कर लें, सुबह उठते वक्त पुनः दो क्षण। जिसको भी ऐसा अनुभव हो रहा है, वह आंख बंद करते ही पुनः अनुभव कर सकेगा।

इसका परिणाम यह होगा कि धीरे-धीरे आपको यह पता चलेगा कि शरीर मन का ही खेल है। उसका छोटा होना, बड़ा होना, जवान होना, बूढ़ा होना, जन्मना, मरना, सब मन का ही खेल है और जब शरीर इतने रूप बदल सकेगा आपके समक्ष तो शरीर के साथ जो तादात्म्य है, आइडेंटिटी है, वह टूट जाएगी। तब आप अपने को शरीर न मान सकेंगे। जो शरीर इस भांति, स्वप्न की भांति छोटा और बड़ा, मिटता और बन जाता है, उस शरीर के साथ आप अपने को एक न मान सकेंगे। बल्कि शरीर की जो फिक्स्ड फॉर्म है, शरीर का जो सुनिश्चित रूप हमने बना रखा है, वह धीरे-धीरे डगमगा जाएगा और आपके, आपके ऊपर से फिक्सेशन, बॉडी फिक्सेशन, जो शरीर का ठोस रूप बैठ गया है, वह पिघलकर गिर जाएगा और धीरे-धीरे आप अपने को अशरीरी अनुभव करने लगेंगे। अशरीरी अनुभव करने के पहले शरीर के बहुत रूपों का अनुभव बहुत सहयोगी है।

अभी आप शरीर के एक ही रूप को जानते हैं, जो आपके भौतिक शरीर की रूपरेखा है। उससे आपने अपने को एक कर रखा है। यदि दिन में आपको दस-पांच बार ऐसा होता रहे कि शरीर छोटा हो जाता है, बड़ा हो जाता है, विराट हो जाता है, कभी होता है, कभी खो जाता है तो आप धीरे-धीरे शरीर की इस धारा, परिवर्तित धारा रूपों के इस परिवर्तन के बीच साक्षी अपने आप बन जाएंगे। तब आप अनुभव करेंगे कि मैं वह हूं जो शरीर के छोटे होने को भी देखता है, बड़े होने को भी देखता है, जो खाने को भी देखता है, बन जाने को भी देखता है। मैं शरीर नहीं हूं, शरीरों का दृष्टा हूं।

तो जिसको भी ऐसा अनुभव हो रहा हो, वह दिन में दो-चार बार उस अनुभव में पुनः उतर जाए। यह मन के फैलने-सिकुड़ने का खेल है। यह अहंकार की लीला नहीं है, लेकिन यह अहंकार की लीला बन सकती है। यदि आप इस बात से बड़े गौरवान्वित हो जाएं कि मैंने बड़ी उपलब्धि कर ली कि मेरा शरीर बड़ा हो जाता है, ऐसा मैं अनुभव कर लेता हूं और मेरा शरीर छोटा हो जाता है, ऐसा मैं अनुभव कर लेता हूं या आपने इसमें किसी तरह के अहंकार का रस लिया कि मैंने कुछ पा लिया जो दूसरों को नहीं मिला है तो अहंकार की लीला शुरू हो जाएगी और अहंकार आपको ध्याान की प्राथमिक अनुभूतियों से भी सुदृढ़ कर सकता है और अक्सर जहां अहंकार शुरू हुआ, वहीं ध्यान रुक जाता है। इसलिए इसको कोई विशेष बात मत मानना कि कोई बहुत बड़ी घटना घट रही है समझना, ध्यान का साधारण परिणाम है। इसमें कुछ गौरवान्वित होने का या दूसरों से अपने को ऊंचा मानने का या भिन्न मानने का कोई भी कारण नहीं है।

पहले दिन मुझे बहुत गहरा अनुभव हुआ और दूसरे दिन से मैं रास्ता देख रहा हूँ, लेकिन वैसा अनुभव नहीं हो रहा है।

वह नहीं होगा। क्योंकि पहले दिन जो अनुभव हुआ, वह अहंकार का हिस्सा बन गया। माना कि बहुत गहरा अनुभव मुझे हुआ है। अब यह अहंकार दूसरे दिन से अपेक्षा करेगा कि मुझे तो होना ही चाहिए, क्योंकि मुझे हो चुका है। अब नहीं होगा तो फ्रस्ट्रेशन, विषाद मन को पकड़ेगा।

ध्यान रखें, जहां अहंकार ने रस लिया, जहां अहंकार ने श्वास ली, वहीं प्रक्रिया रुक जाती है तो अगर आपको गहरा अनुभव हो, हो जाने दें। फिर उसे भूल जाएं कृपा करके। उसे स्मृति का हिस्सा बनाने की जरूरत नहीं और दूसरे दिन उसकी प्रतीक्षा करने की भी जरूरत नहीं, अपेक्षा करने की भी जरूरत नहीं। पहले दिन इसलिए हुआ था क्योंकि आपके अहंकार को भी पता नहीं था कि ऐसा हो सकता है तो अहंकार मौन था। अब दूसरे दिन नहीं होगा। क्योंकि अहंकार भीतर खड़ा है। वह कह रहा है कि कब हो, अब होना चाहिए। क्योंकि मुझे हुआ है तो अब होना चाहिए। अब आप आक्रामक हो गए। उस अनुभव के लिए अब आप एग्रेसिव हैं। अब आप पैसिव नहीं हैं। अब आप प्रतीक्षा नहीं कर रहे हैं, अपेक्षा कर रहे हैं। पहले दिन आपको कुछ भी पता न था।

इसलिए अक्सर यह होता है कि जब आपको कुछ भी पता नहीं होता, बल्कि आप जानते हैं कि आपको क्या होगा, तब हो जाता है। क्योंकि अहंकार

बीच में नहीं होता है। जब हो जाता है तब अड़चन शुरू होती है, क्योंकि अहंकार खड़ा हो जाता है। वह कहता है ठीक, अब तो मुझे होना ही चाहिए। फिर होना बंद हो जाता है।

इस अंतर्यात्रा में 'होना ही चाहिए' जैसे शब्दों को बिल्कुल भूल जाना। यहां कोई शर्तें नहीं हैं। जो हुआ है, अगर आपने बहुत जोर से पकड़ा, तो दुबारा कभी नहीं होगा और अक्सर ऐसा होता है कि साधना की प्रक्रिया में जब कभी कोई गहन अनुभूति पहली दफे उतरती है, तो साधक बुरी तरह उससे चिपट जाता है कि उस जन्म में दुबारा उसे नहीं उपलब्ध कर पाता। फिर दूसरे जन्म तक प्रतीक्षा करनी पड़ती है, जब तक कि स्मृति बिल्कुल दब न जाए और भूल न जाएं।

जो ध्यान करना, न होने से भी कभी-कभी होना खतरनाक सिद्ध हो सकता है, अगर अहंकार ने उसमें रस लिया, अगर आपको हो भी तो उसे आप ऐसा मत समझना कि मुझे हुआ है, ऐसा ही समझना कि प्रभु की अनुकंपा है।

इन दोनों में फर्क है। इसलिए ध्यान के बाद मैं निरंतर आपको कहता हूं कि प्रभु का अनुग्रह स्वीकार कर लें। यह इसी कारण ताकि आपको ख्याल बना रहे कि यह उसका प्रसाद है, मेरी उपलब्धि नहीं। यह मैंने नहीं पाया, उसने दिया है। अगर मैंने पाया है, तो मैं कल फिर पाने की कोशिश करूंगा और अगर उसने दिया है तो मैं प्रतीक्षा करूंगा। दे उसकी मर्जी, न दे उसकी मर्जी।

मैं हृदय रोग से पीड़ित रहा हूं, तो क्या यह नाचना, यह कूदना स्वास्थ्य के लिए खतरनाक तो न हो जाएगा?

यह कहना थोड़ा मुश्किल है, क्योंकि यह बहुत-सी बातों पर निर्भर करता है कि यदि वे अपने शरीर को भूलकर परमात्मा का ही स्मरण रखें तो कभी भी नुकसानदायक नहीं हो सकता है, लेकिन परमात्मा को स्मरण ही न रखें, हृदय की दुर्बलता को ही स्मरण रखें तो बहुत नुकसानदायक हो सकता है। इट डिपेंड्स, आपका ध्यान क्या है? अगर आप अपने शरीर को भूल गए हैं तो कोई भी नुकसान कभी भी नहीं हो सकता और अगर नुकसान हो भी जाए तो वह भी लाभ है।

पहले तो नुकसान हो नहीं सकता, क्योंकि कोई कारण नहीं है। जिसने अपने शरीर को पूरा परमात्मा के लिए छोड़ दिया, उसके हृदय वगैरह को धड़काने का जिम्मा अब उसके ऊपर नहीं रहा, अब वह परमात्मा के ऊपर है और जिस परमात्मा की सहज मौजूदगी से इतना बड़ा जगत चलता है, उसकी सहज मौजूदगी से आपके हृदय की धड़कन न चलेगी, ऐसा मानने का कोई भी कारण

नहीं है और अगर उसके स्मरण से भरे हुए इस क्षण में यदि धड़कन बंद भी हो जाए तो अनुगृहीत होना चाहिए। क्योंकि धड़कन कभी तो बंद होगी ही, लेकिन पता नहीं उस समय यह स्मरण का क्षण साथ होगा या नहीं।

एक तो नुकसान होगा नहीं, लेकिन जिसे हम नुकसान कहते हैं वह अगर हो भी जाए परमात्मा के स्मरण में तो उससे शुभ घड़ी दूसरी नहीं है, वही काल-क्षण है, जिसमें गया हुआ व्यक्ति वापस नहीं लौटता है।

लेकिन अगर आप इसी डर से भयभीत रहे कि कहीं हृदय को कुछ गड़बड़ न हो जाए, हृदय के ही ख्याल से भरे हुए नाचेंगे-कूदेंगे तो निश्चित ही नुकसान हो जाने वाला है तो यह आप पर निर्भर करता है और आप समझ लें।

अगर हृदय के ही ख्याल में डूबे हुए हैं, तो मत करें, लेकिन एक बात ध्यान रखें कि हृदय की धड़कन बंद होकर ही रहेगी। उसे कब तक सम्हाले रहिएगा? और सम्हालकर भी क्या पा सकेंगे सिर्फ धड़का लेंगे। क्या है उसकी उपलब्धि? शरीर थोड़े दिन और चल जाए, उसकी उपलब्धि क्या है?

शरीर का प्रयोजन ही यह है कि हम अशरीरी को जान लें। अगर अशरीरी को जानने में ही शरीर बाधा बन रहा हो तो उस शरीर को रखने का अब कोई कारण नहीं, कोई अर्थ नहीं। इतना साहस हो तो मजे से नाचें और कूदें। जीएं तो भी ठीक है, उसमें मिट जाएं तो भी ठीक है। इतना साहस न हो तो अपने को संभाले रखें, फिर उस प्रक्रिया में मत उतरें।

एक-दूसरे मित्र ने पूछा कि क्या यह नाचने-कूदने के बिना ध्यान नहीं हो सकता है?

ध्यान तो हो सकता है, ध्यान तो बिना कुछ किए हो सकता है, लेकिन जिन्होंने पूछा है उनको नहीं हो सकेगा। ध्यान तो बिना कुछ किए हो सकता है, जरा से कंपन के बिना हो सकता है। ध्यान का मतलब ही यह है कि जहां कोई मूवमेंट न हो, जहां सब कंपन रुक जाएं, लेकिन जो नाचने से भयभीत है या सोचता है इससे बच जाएं, उसे नहीं हो सकेगा और वह हर चीज से भयभीत हो जाएगा।

मैं तो ध्यान की न मालूम कितनी प्रतिक्रियाओं का उपयोग करता हूँ, जिस प्रक्रिया का उपयोग करता हूँ, लोग उसी में पूछते हैं कि इसके बिना नहीं हो सकेगा? अगर उनको कहा कि डीप ब्रीदिंग करो तो लोग आ जाते हैं पूछने कि ऐसी कोई तरकीब नहीं कि डीप ब्रीदिंग न करनी पड़े, यह गहरी श्वास न लेनी पड़े?

मैंने लोगों को कहा कि शांत होकर लेट जाओ तो वे आकर कहते हैं कि

शांत होकर लेटने से तो कुछ भी नहीं होता। उनको मैंने कहा, कुछ मत करो, सिर्फ मौन रहो। वे कहते हैं, मौन तो हम रह जाते हैं, लेकिन भीतर विचार चलते रहते हैं, कोई और रास्ता बताइए।

जिस मन से आप यह सलाह ले रहे हैं, जो कहता है कि कोई और रास्ता बताइए, वह निरंतर कहां रहेगा–जो भी ध्यान की प्रक्रिया होगी उसी में कहेगा–कोई और रास्ता बताइए। क्योंकि वह डरता है मरने से। वह मन डरता है मरने से और ध्यान है मन की मृत्यु। वह हर तरफ से आपको रोकेगा।

तो आप इसकी चिंता छोड़िए कि कोई और तरकीब हो सकती है।

नहीं! क्योंकि वह इस तरकीब में बाधा उठा रहा है, हर तरकीब में बाधा उठाएगा। हर तरकीब में वह कहेगा कि इसकी क्या जरूरत है।

–ओशो

ध्यान के कमल रु 8

एक मित्र ने पूछा है कि ध्यान के पहले चरण में ही एक–दो मिनट में बिल्कुल थक क्यों जाते हैं?

नहीं, थक नहीं जाते, थकने का ख्याल पैदा हो जाता है। थकने का ख्याल बड़ी बात है। जब आपको लग रहा हो कि बिल्कुल थक गए हैं, उसी वक्त कोई एक बंदूक लेकर आपके पीछे लग जाए कि मार डालेंगे, तब आपको पता चलेगा बिल्कुल नहीं थके और मीलों दौड़ते चले जाएंगे, थकान का पता ही नहीं चलेगा। क्या हो गया? थक गए हैं आप। एक आदमी बंदूक लेकर पीछे लग गया, अब आप दौड़ कैसे रहे हैं?

असल में हमारे भीतर कितनी शक्ति है इसका हमें पता ही नहीं होता। छोटी–सी शक्ति जो ऊपर होती है उसी का हम उपयोग करके जिंदा रहते हैं। बस वह जरा–सी थक गई, बस हमने सोचा–अब तो थक गए, अब बात खत्म हो गई।

जिस वक्त आपको लगे कि थकान आ गई, उस वक्त और ताकत से शुरू करें। आप दो मिनट के भीतर पाएंगे कि थकान चली गई और बड़ी शक्ति भीतर से आ गई। थकान का क्षण बहुत कीमती है, वह बता रहा है कि आप कितनी शक्ति का उपयोग करने के आदि हैं। बस इतना ही बता रहा है और कुछ नहीं बता रहा। वह आपकी सीमा है। आप यहां तक उपयोग करते हैं। अब तक आपने दो मिनट में जितनी सांस ली, इतनी ही सांस लेने का काम

किया होगा। बस एक आदत की भी सीमा है। वहां थक गए, मन कहता है, बस अब आ गई अपनी सीमा, अब थक गए।

अगर दो मिनट सांस लेने में थक जाएंगे तो जिंदा कैसे रहेंगे? नहीं, वह आदत की सीमा है। घबराएं मत, उस वक्त और जोर से ताकत लगा दें सांस लेने की। आप मिनट भर में पाएंगे कि वह सीमा पार हो गई और नए तल से शक्ति आनी शुरू हो गई। थकान का क्षण ही सीमा का क्षण होता है और अगर कोई आदमी अपनी थकान के क्षण को पार कर ले तो बहुत हैरान होगा।

जैसे आपने कभी ख्याल किया होगा, रात आप रोज दस बजे सो जाते हैं तो दस बजे नींद आने लगती है, लेकिन ग्यारह बजे तक जग जाइए, फिर ग्यारह बजे नींद नहीं आती। बात क्या हो गई? दस बजे आती थी तो ग्यारह बजे तो और भी आनी चाहिए। असल में सीमा पार हो गई। आप एक घंटे और जग गए हैं तो जिस शक्ति से आप दस बजे तक जगते थे वह काम में आनी शुरू हो गई है। हमारे पास रिजर्वायर है शक्ति का, उससे हम कितनी ही शक्ति ले सकते हैं और वह जो शक्ति का स्रोत है हमारे पास वह कभी नहीं चुकता, क्योंकि अंततः वह परमात्मा से जुड़ा हुआ है। अनंत जन्मों से सांस ले रहे हैं आप, नहीं थके, दो मिनट में सांस लेने से थक जाएंगे? नहीं थकेंगे। जब थकें तब जोर से और कोशिश करें। असल में अपनी थकान को स्वीकार न करें। अपनी थकान को तोड़ दें।

उन्हीं मित्र ने पूछा कि फिर दिन-भर हाथ-पैर में दर्द होता है, कहीं पीठ में दर्द होता है।

होगा ही, जब दो मिनट में थक जाएंगे तो दर्द नहीं होगा तो क्या होगा?

नहीं थकें मत दो मिनट में, पूरी ताकत लगाएं। तीस मिनट जो पूरी ताकत लगाएगा वह सबसे कम थकेगा। यह मेरे रोज के सैकड़ों अनुभवों से मैं कह रहा हूं आपसे। जो आदमी तीस मिनट पूरी ताकत लगाएगा, वह कम-से-कम थकेगा और अगर सच में पूरी ताकत लगा दी तो तीस मिनट के बाद एकदम हल्का और ताजा हो जाएगा, थकेगा नहीं।

हम थकते हैं, हम पूरी ताकत नहीं लगाते। एक- ताकत भी लगाते हैं और पूरे वक्त भीतर सोचते रहते हैं कि कहीं थक न जाएं। दो- ताकत भी लगाते हैं और रोकते भी रहते हैं कि कहीं ज्यादा न लग जाए। बस इसमें सारा उपद्रव हो जाता है।

अब जैसे आप कहते हैं कि पीठ में दर्द होता है, किसी के हाथ में दर्द होता है। उसका मतलब यह है कि हाथ नाचना चाहता था, आपने नाचने नहीं दिया। पीठ झुकना चाहती थी, आपने झुकने नहीं दी, दर्द होगा। पैर कूदना चाहते थे, आपने कूदने नहीं दिया, दर्द होगा।

अब एक मित्र अभी मेरे पास आए और उन्होंने कहा कि दिन-भर रोना-ही-रोना-सा मन बना रहता है।

तो मैंने कहा, ध्यान से रोए थे?

उन्होंने कहा, नहीं, ध्यान में तो रोना आता नहीं?

अब वे ध्यान में रोना रोके हुए हैं। अब दिन भर रोने-ही-रोने का मन बना रहेगा।

नहीं, रो लें ध्यान में फिर दिन में देखें कैसे रोना संभव हो पाया। हम रोक रहे हैं कहीं, इसलिए अड़चन है और अगर इन सबको आप, जो मैं कह रहा हूं ऐसा ही कर रहे हैं और फिर भी आपको थकान मालूम पड़े, तो समझना कि आपके शरीर को किसी तरह के व्यायाम की, एक्सरसाइज की आदत नहीं है। तीन-चार दिन, पांच दिन में वह आदत पड़ जाएगी। कोई भी नया व्यायाम शुरू हो तो तीन-चार-पांच दिन शरीर थोड़ा दुखेगा। वह तीन-चार-पांच दिन में ठीक हो जाता है, उसकी कोई बहुत चिंता लेने की जरूरत नहीं है, लेकिन रुकें मत, उसे दुखने दें और आप करें।

यह भी पूछा है कि दूसरे चरण में शरीर बिल्कुल अलग मालूम होता है, लेकिन शरीर को कुछ होने पर उसकी खबर तुरंत लग जाती है।

अलग जरूर है, लेकिन इसका यह मतलब थोड़े ही है कि खबर नहीं लगेगी। अलग है, तब भी खबर लगेगी। एक मालूम होता है, तब भी खबर लगती है। एक मालूम होने से खबर के लगने में फर्क होता है, खबर तो लगती ही है। जब शरीर अलग मालूम हो रहा है तब अगर भूख लगेगी तो ऐसा लगेगा कि शरीर को भूख लगी है और जब शरीर एक मालूम हो रहा है तो ऐसा लगेगा कि मुझको भूख लगी है। इसमें फर्क है बस, और कोई फर्क नहीं होगा। शरीर में दर्द हो रहा है, अगर शरीर अलग है तो ऐसा लगेगा कि कहीं दूर शरीर में दर्द हो रहा है।

विभिन्न ध्यान विधियों में मौन का दस मिनट या पन्द्रह मिनट का समय भी कम लगता है।

जिसको भी ध्यान लगेगा, उसे बहुत कम मालूम होंगे, जिसको नहीं

लगेगा, उसे बहुत ज्यादा मालूम होंगे। यहां दोनों तरह के लोग हैं। जिसको नहीं लगेगा उसे ऐसा लगेगा कि पता नहीं, दस मिनट कितने लंबे हो गए। जिसे लगेगा, उसे लगेगा कि यह तो अभी शुरू हुआ और अभी समाप्त हो गया। क्योंकि हमारे आनंद के साथ ही समय सिकुड़ता है। समय कोई वास्तविक चीज नहीं है। समय हमारे अनुभव पर निर्भर चीज है, कंडीशनल है। जितना सुख होता है, समय उतना छोटा हो जाता है। जितना दुःख होता है समय उतना लंबा हो जाता है। घड़ी के कांटे तो वैसे ही घूमते रहते हैं, लेकिन हृदय के कांटे भी हैं और वह सुख और दुःख के साथ उनकी गति में अंतर पड़ता है। जब आप सुखी होते हैं, क्षण हवा में उड़ जाता है। जब आप दुःखी होते हैं तो क्षण भी पत्थर की तरह बैठ जाता है, हटता नहीं।

तो जिनको ध्यान हो रहा है उन्हें तो पन्द्रह मिनट भी कम हैं, थोड़े दिनों में दस घंटे भी कम होंगे और इसलिए फिर ध्यान में अलग से बैठने की जरूरत नहीं रह जाती, फिर तो चौबीस घंटे ही ध्यान ही चलने लगता है। उठते, बैठते, काम करते, वही रस, वही आनंद फैलने लगता है। फिर तो दस जिंदगियां भी छोटी मालूम पड़ती हैं।

यह मेरे ख्याल में है कि दस मिनट बहुत कम हैं, लेकिन यहां तो हम प्रयोग को समझ रहे हैं। घर पर आप दस मिनट से ज्यादा कर सकते हैं। पन्द्रह मिनट, बीस मिनट, आधा घंटा, जितनी आपकी सुविधा हो, उतना आप चौथा चरण बढ़ा सकते हैं। पहले तीन चरण दस मिनट से ज्यादा नहीं बढ़ाने हैं। पहले तीन चरण तीस मिनट, ज्यादा-से-ज्यादा उससे ज्यादा नहीं बढ़ाना है। चौथा चरण आप जितना चाहें बढ़ा सकते हैं, क्योंकि वह प्रतीक्षा का चरण है, करने का चरण नहीं है। तीन चरण करने के हैं। वे आपकी, मनुष्य की जो सामान्य सामर्थ्य है, उसके हिसाब से तय किए गए हैं। वह दस मिनट से ज्यादा नहीं करना है कोई भी चरण, लेकिन चौथा चरण आप कितना भी लंबा कर सकते हैं।

जैसे ही ध्यान गहरा होगा आधा घंटा, घंटा-भर चौथे चरण में बीत सकेगा। सहज ही बीत जाएगा, पता ही नहीं चलेगा, कब गुजर गया। वह आप घर पर प्रयोग कर सकेंगे। यहां तो पन्द्रह मिनट में ही समाप्त करना पड़ेगा। क्योंकि बहुत लोग हैं, उन सब लोगों का ध्यान रखना जरूरी है। फिर हम यहां समझने मात्र को हैं। असली प्रयोग तो आप यहां से हटकर करने वाले हैं।

-ओशो

ध्यान दर्शन

जेट युग में ध्यान की विधियां भी तीव्र चाहिए

अब दुनिया में वर्षों और जन्मों वाले योग नहीं टिक सकते। अब लोगों के पास दिन और घंटे भी नहीं हैं और अब ऐसी प्रक्रिया चाहिए जो तत्काल फलदायी मालूम होने लगे कि एक आदमी अगर सात दिन का संकल्प कर ले तो फिर सात दिन में ही उसे पता चल जाए कि हुआ है बहुत कुछ...वह आदमी दूसरा हो गया है। अगर सात जन्मों में पता चले तब कोई प्रयोग नहीं करेगा। पुराने दावे जन्मों के थे। वे कहते थे : इस जन्म में करो, अगले जन्म में फल मिलेगा। वे बड़े प्रतीक्षा वाले धैर्यवान लोग थे। वे अगले जन्म की प्रतीक्षा में इस जन्म में भी साधना करते थे। अब कोई नहीं मिलेगा। फल आज न मिलता हो तो कल के लिए प्रतीक्षा करने की तैयारी नहीं है।

कल का कोई भरोसा भी नहीं है, जिस दिन से हिरोशिमा और नागासाकी पर एटम बम गिरा है, उस दिन से 'कल' खत्म हो गया है। अमरीका के हजारों-लाखों लड़के और लड़कियां कॉलेज में पढ़ने जाने को तैयार नहीं हैं। वे कहते हैं: हम पढ़-लिखकर निकलेंगे तब तक दुनिया बचेगी? कल का कोई भरोसा नहीं है! तो वे कहते हैं : हमारा समय जाया मत करो, जितने दिन हमारे पास हैं, हम जी लें। हाईस्कूल से लड़के और लड़कियां स्कूल छोड़कर भागे जा रहे हैं, कहते हैं : यूनिवर्सिटी भी नहीं जाएंगे, क्योंकि छह साल में यूनिवर्सिटी से निकलना...छह साल में दुनिया बचेगी। जब बेटा बाप से पूछ रहा है कि छह साल...दुनिया का आश्वासन है। तो हमें छह साल...जो थोड़े बहुत हमारी जिंदगी में हैं, हम क्यों न उसका उपयोग कर लें।

जहाँ कल इतना संदिग्ध हो गया है वहां तुम जन्मों की बातें करोगे, बेमानी है, कोई सुनने को राजी नहीं-न कोई सुन रहा है। इसलिए मैं कह रहा हूँ... आज प्रयोग हो और आज परिणाम होना चाहिए और अगर एक घंटा कोई मुझे देने को राजी हो तो आज ही, उसी घंटे के बाद ही उसको परिणाम का बोध होना चाहिए। तभी वह कल घंटा दे सकेगा-नहीं तो कल के घंटे का कोई भरोसा नहीं। तो युग की जरूरत बदल गई है। बैलगाड़ी की दुनिया थी, उस वक्त सब धीरे-धीरे चल रहा था, साधना भी धीरे-धीरे चल रही थी। जेट की दुनिया है, साधना भी धीरे-धीरे नहीं चल सकती, उसे भी तीव्र, गतिमान, स्पीडी होना पड़ेगा।

-ओशो

जिन खोजा तिन पाईया

प्यारे ओशो,

सक्रिय ध्यान बहुत क्रियाशील है, बहुत श्रम मांगता है। क्या हम सिर्फ शांत बैठकर ध्यान में नहीं उतर सकते?

तुम शांत बैठकर ध्यान में उतर सकते हो, लेकिन सिर्फ शांत ही बैठना और कुछ मत करना। अगर तुम सिर्फ शांत बैठ सकते हो तो वह ध्यान बन जाएगा, पूरी तरह बैठ जाओ। अक्रिया ही तुम्हारी एकमात्र क्रिया हो। वस्तुतः झेन शब्द ही झाझेन से आता है जिसका अर्थ है बैठना, कुछ न करना। अगर तुम सिर्फ बैठ सको, शरीर और मन भी अक्रिया में चला जाए तो वह ध्यान हो गया, लेकिन वह मुश्किल है।

जब तुम कुछ कर रहे हो तब बैठना सरल है, लेकिन खाली बैठे रहो तो मुश्किल खड़ी हो जाती है। शरीर का रेशा-रेशा भीतर कंपित होने लगता है, नस-नस कंपन से भर जाती है। तुम्हें एक सूक्ष्म कंपन अनुभव होने लगता है। शरीर के कई बिंदुओं का तुम्हें पहली दफा बोध होगा जिनके प्रति तुम्हें कोई होश नहीं था तो बैठने का उपयोग तभी हो सकता है जब तुमने बाकी चरण कर लिए हों।

तुम सिर्फ बैठ सकते हो, वह सरल है। तुम सिर्फ नाच सकते हो, वह और भी सरल है। बुद्ध आसन में बैठना आखिरी कृत्य है। उसे पहले शुरुआत में कभी नहीं करना चाहिए। जब तुम्हारा क्रिया के साथ पूरा तादात्म्य होता है उसके बाद ही तुम अक्रिया के साथ तादात्म्य बना सकते हो।

तो मैं लोगों से कभी नहीं कहता कि बैठने से शुरुआत करो। जहां से सुगमता से यात्रा हो सके वहां से शुरू करो, अन्यथा तुम व्यर्थ की कई चीजों को भीतर अनुभव करने लगोगे।

तुम बैठकर ध्यान करने लगो तो भीतर बहुत गड़बड़ पाओगे। तुम्हें सिर्फ अपने विक्षिप्त मन का बोध होगा और कुछ नहीं। उससे तुम्हें हताशा घेर लेगी, तुम उदास हो जाओगे। तुम आनंदित नहीं होओगे, तुम्हें लगेगा तुम पागल हो और कभी-कभी सचमुच पागल हो सकते हो।

तुम अगर बैठने की पूरी प्रमाणिकता से कोशिश करो तो सचमुच पागल हो सकते हो। वह तो लोग समग्रता से कोशिश करते नहीं हैं इसलिए पागल नहीं होते। पहले कई बार ऐसी घटनाएं घटी हैं। बुद्धासन में बैठकर ध्यान करने से लोग पागल हुए हैं इसलिए मैं इस तरह ध्यान करने का सुझाव नहीं देता। हो सकता है, तुम्हारे भीतर जितना पागलपन है उसका अनुभव करने के लिए

तुम तैयार न होओ। कुछ बातें तुम्हें धीरे-धीरे पता चलनी चाहिए। ज्ञान हमेशा शुभ नहीं होता। वह धीरे-धीरे उसी अनुपात में प्रकट होना चाहिए, जिस अनुपात में तुम्हारी जानने की क्षमता बढ़ती है।

मैं तुम्हारे पागलपन के साथ प्रारंभ करता हूं। मैं तुम्हारे पागलपन को निकलने देता हूं। जब तुम पागल की तरह नाचते हो तब उसके विपरीत घटना तुम्हारे भीतर घटती है। उस विक्षिप्त नृत्य के साथ-साथ तुम अपने भीतर के एक मौन बिंदु के प्रति जगाने लगते हो। जबकि शांत बैठने पर ठीक उल्टा होता है। तुम भीतर की विक्षिप्तता के प्रति जागते हो।

विपरीत छोर पर हमेशा ध्यान केन्द्रित होता है। पागल की तरह नाचकर, रोकर, अराजकपूर्ण श्वास लेकर तुम्हारी विक्षिप्तता बाहर निकलती है। उसके बाद तुम्हें एक सूक्ष्म बिन्दु का अहसास होने लगता है, जो मौन और निश्चल है। यह अहसास परिधि पर उमड़ती हुई विक्षिप्तता के विरोध में होता है। तुम्हारे केन्द्र पर सन्नाटा है, वहां तुम्हें गहन आनंद का अनुभव होगा।

यदि तुम सक्रियता से प्रारंभ करते हो, कुछ ऐसा जो विधायक है, गत्यात्मक है, जीवंत है तो अच्छा होगा। फिर तुम अपने भीतर एक स्थिरता पाओगे जो धीरे-धीरे बढ़ती जाएगी। वह जितनी बढ़ेगी उतना तुम्हारे लिए बैठकर या लेटकर आसन जमाना संभव होगा। तब फिर निष्क्रिय ध्यान संभव होगा। उस घड़ी तक चीजें बहुत बदल जाएंगी।

ध्यान की जो विधि गति से, क्रिया से शुरू होती है वह और कई तरह से तुम्हारी मदद करती है। वह क्रिया रेचन, कैथार्सिस बन जाती है। जब तुम सिर्फ बैठे रहते हो तब तुम्हें बेचैनी होती है। एक-एक मज्जा-तंतु हिलने लगता है। तुम अपने ऊपर ऐसी बात थोप रहे हो जो तुम्हारे लिए स्वाभाविक नहीं है। तुमने अपने आपको दो में बांट लिया-एक जो थोप रहा है दूसरा जिस पर थोपा जा रहा है और वस्तुतः जिस पर थोपा जा रहा है वह हिस्सा अधिक प्रामाणिक है। यह दमित हिस्सा तुम्हारे मन की सच्चाई है जो कि बहुत बड़ी है। स्वभावतः विजय इस बड़े हिस्से की ही होगी। पीड़ा से गुजरना पड़ेगा।

प्यारे ओशो,

सक्रिय ध्यान के पहले कुछ दिनों में मांस-पेशियां अकड़ जाती हैं और सब जगह दर्द होने लगता है। क्या कोई तरीका है इस कठिनाई को हल करने का?

जारी रखो। तुम उसके पार चले जाओ और कारण स्पष्ट हैं। दो कारण हैं, पहला: यह बहुत तीव्र व्यायाम है और तुम्हारे शरीर को इसके साथ समस्वर होना पड़ेगा। इसलिए तीन-चार दिनों के लिए ऐसा महसूस होगा कि सारा शरीर दु:ख रहा है। किसी भी नए व्यायाम के साथ ऐसा ही लगेगा, लेकिन कुछ दिनों के बाद तुम उसके पार हो जाओगे और तुम्हारा शरीर पहले से ज्यादा बलशाली महसूस होगा।

लेकिन यह बात भी आधारभूत नहीं है। आधारभूत बात तो गहरी चली जाती है। आधारभूत बात यह है कि जो आधुनिक मनोविज्ञान ने पता लगाई है- तुम्हारा शरीर सिर्फ भौतिक ही नहीं है। तुम्हारे शरीर में, तुम्हारी मांस-पेशियों में, तुम्हारे शरीर के ढांचे में बहुत-सी चीजें दमन के कारण प्रवेश कर गई हैं। यदि तुम क्रोध को दबा लेते हो तो वह शरीर में प्रवेश कर जाता है। वह मांस-पेशियों के भीतर चला जाता है, वह रक्त में चला जाता है। यदि तुम कुछ भी दबा लेते हो तो वह खाली मानसिक बात नहीं है, वह शारीरिक बात भी है, क्योंकि वस्तुत: तुम विभक्त नहीं हो।

तुम मन और शरीर, दो चीजें नहीं हो, तुम शरीर-मन हो, साइकोसोमेटिक हो, तुम दोनों हो एक साथ। इसलिए जो भी शरीर के साथ किया जाता है वह मन तक चला जाता है तथा जो भी मन के साथ किया जाता है वह शरीर तक चला जाता है। मन और शरीर एक ही चीज के दो छोर हैं।

उदाहरण के लिए, यदि तुम क्रोधित होते हो तो शरीर के साथ क्या घटना घटती है? जब कभी तुम क्रोध करते हो तो कुछ विशेष विष खून में छूट जाते हैं। बिना उन विषों के तुम क्रोध करने के लिए पागल नहीं हो सकते। तुम्हारे शरीर में विशेष प्रकार की ग्रंथियां हैं और वे कुछ विशेष रसायन छोड़ती हैं।

इसीलिए जब तुम क्रोध में होते हो तो ऐसा भी कोई काम कर सकते हो जो कि साधारणत: तुम नहीं कर सकते क्योंकि तुम विक्षिप्त हो गए हो। तुम किसी बड़ी चट्टान को सरका सकते हो। तुम साधारणत: ऐसा नहीं कर सकते। बाद में तुम विश्वास भी नहीं कर सकते कि तुमने उस चट्टान को सरका दिया था या फिर उठा लिया था। जब तुम लौटकर फिर से सामान्य हो जाओगे तब तुममें इतनी शक्ति नहीं होगी कि तुम उस चट्टान को उठा सको, क्योंकि अब तुम वही नहीं हो। कुछ विशेष रसायन तुम्हारे खून में बह रहे थे। तुम आपातकाल की स्थिति में आ गए थे। तुम्हारी सारी शक्ति सक्रिय हो गई थी।

परंतु जब एक पशु क्रोधित होता है तो क्रोधित ही होता है। उसके पास

कोई नैतिकता नहीं होती, कोई उसके लिए शिक्षा नहीं होती। वह सीधा क्रोधित हो जाता है और क्रोध निकल जाता है। जब तुम क्रोधित होते हो तो तुम भी पशु की भांति क्रोधित होते हो, किंतु फिर समाज है, नैतिकता है, व्यवहार की बातें हैं और दूसरी हजारों चीजें हैं और तुम क्रोध को नीचे दबा देते हो। तुम्हें दिखाना पड़ता है कि तुम क्रोधित नहीं हो, तुम्हें मुस्कराना पड़ता है, एक चिपकाई हुई मुस्कान। तुम्हें मुस्कराहट को निर्मित करना पड़ता है और क्रोध को नीचे दबाना पड़ता है। शरीर को तब क्या हो रहा है? शरीर तो लड़ने के लिए तत्पर था या तो लड़ने को या फिर भागने को, खतरे से दूर भागने को या तो सामना करने को या फिर बचकर निकलने को शरीर तैयार था। शरीर तैयार था कि कुछ करे, क्रोध, सिर्फ कुछ करने के लिए तैयारी है। शरीर हिंसा के लिए, आक्रमण के लिए तैयार है।

यदि तुम हिंसक अथवा आक्रामक हो गए तो ऊर्जा मुक्त हो जाएगी, लेकिन तुम नहीं हो सकते। यह सुविधाजनक नहीं है, इसलिए तुम उसे भीतर दबा लेते हो। तब फिर उन मांस-पेशियों का क्या होगा जो कि आक्रमण के लिए तैयार हो गई थीं? वे पंगु हो जाएंगी। ऊर्जा उन्हें धक्के मारेगी आक्रमण के लिए और तुम उन्हें वापस धक्का दोगे कि आक्रामक मत होओ। एक द्वंद्व उठ खड़ा होगा तुम्हारी मांस-पेशियों में, तुम्हारे खून में, तुम्हारे शरीर के कोषों में द्वंद्व पैदा हो जाएगा, वे सब कुछ अभिव्यक्त ना करें, तुम उन्हें दबा रहे हो। तुम्हारा शरीर पंगु हो जाता है।

यह बात प्रत्येक भाव के साथ होती है और ऐसा रोज-रोज वर्षों तक होता रहता है। तब फिर तुम्हारा शरीर सब जगह से पंगु हो जाता है। सारी नसें पंगु हो जाती हैं। वे बहती हुई नहीं रहतीं; वे तरल नहीं रहतीं; वे जीवंत नहीं रह जाती; वे मुर्दा हो जाती हैं। वे विषाक्त हो जाती हैं। वे सब उलझ जाती हैं, वे स्वाभाविक नहीं रहती हैं।

किसी भी पशु की ओर देखो और उसके शरीर की सुंदरता को देखो। मनुष्य के शरीर को क्या हो गया है? क्यों वह इतना सुंदर नहीं है, क्यों? प्रत्येक जानवर इतना सुंदर है, क्यों मनुष्य का ही शरीर सुंदर नहीं है? उसे क्या हो गया है? तुमने उसके साथ कुछ किया है। तुमने उसे नष्ट कर दिया है और उसका स्वाभाविक बहाव खो गया है और रुक कर सड़ गया है। तुम्हारे शरीर के हर हिस्से में विष भरा है। तुम्हारे शरीर की हर मांस-पेशी में दमित क्रोध, दमित काम, दमित लोभ, दमित ईर्ष्या, दमित घृणा दबी पड़ी है, वहां हर चीज दबी पड़ी है। सचमुच तुम्हारा शरीर रुग्ण है।

इसलिए जब तुम ध्यान करना प्रारंभ करते हो तो ये सारे विष छूटने लगते हैं और जहां-जहां से शरीर रुक गया है, वहां-वहां से पुनः पिघलना शुरू करता है और फिर से तरल हो जाता है। चालीस साल तक गलत ढंग से जीने के बाद अचानक ध्यान करना, सारे शरीर में एक तूफान आ जाता है। तुम्हें सारे शरीर में दर्द महसूस होता है, किंतु यह दर्द अच्छा है और तुम्हें उसका स्वागत करना चाहिए। शरीर को फिर से बहने दो, फिर से वह सुंदर व बलवत् हो जाएगा। फिर से तुम एक जीवंतता का अनुभव करने लगोगे, लेकिन इसके पहले कि वह जीवंतता आए, वे जो अंग मुर्दा हो गए हैं उन्हें फिर से जिंदा होना होगा और यह थोड़ा पीड़ादायी तो होगा।

मनोवैज्ञानिक कहते हैं कि हमने शरीर के चारों ओर एक कवच बना रखा है और वह कवच ही समस्या है। जब तुम्हें क्रोध आता है, यदि उस समय तुम्हें अभिव्यक्त करने की छूट दे दी जाए तो तुम क्या करोगे? तुम क्रोध में होते हो तो तुम अपने दांत पीसने लगते हो, तुम अपने नाखूनों और हाथों से कुछ करने लगते हो क्योंकि वह पशु योनि से हमारे साथ आया है। तुम अपने हाथों से कुछ करना चाहते हो, किसी चीज को नष्ट करना चाहते हो।

यदि तुम कुछ भी न करो तो तुम्हारी उंगलियां पंगु हो जाती हैं, उनकी सुंदरता व लावण्य खो जाता है। वे जीवित अंग नहीं रहेंगी और उनमें जहर भर जाएगा। इसके कारण ही जब तुम किसी से हाथ मिलाते हो तो वास्तव में कोई स्पर्श नहीं होता क्योंकि उनमें कोई जीवन नहीं होता, वे मुर्दा हैं।

तुम इसे अनुभव कर सकते हो। किसी छोटे बच्चे का हाथ छूकर देखो और तुम्हें उसमें कुछ सूक्ष्म अंतर महसूस होगा। जब बच्चा तुम्हारे हाथ में अपना हाथ देता है...यदि बच्चा तुम्हें अपना हाथ देना नहीं चाहता तो वह तुमसे अपना हाथ दूर हटा लेगा। वह तुम्हारे मुर्दा हाथ में अपना हाथ नहीं देगा। वह हाथ दूर कर लेगा, लेकिन यदि वह अपना हाथ तुम्हें देना चाहता है तो तुम महसूस करोगे कि उसका हाथ तुम्हारे हाथ में पिघल रहा है। उसकी ऊष्णता, उसका बहाव ऐसा होगा जैसे कि सारा बच्चा ही उस हाथ में आ गया है, उसके इस स्पर्श में ही वह अपना सारा प्रेम व्यक्त कर देगा, जितना कि अभिव्यक्त किया जा सकता है।

लेकिन वही बच्चा जब बड़ा हो जाता है तो वह इस तरह से हाथ मिलाता है जैसे कि उसका हाथ एक मुर्दा चीज है। वह उस हाथ में नहीं आएगा, वह उसके द्वारा बहेगा नहीं और ऐसा इसलिए हुआ, क्योंकि बीच में बहुत-सी

बाधाएं आ गई हैं, क्रोध रुक गया है। वास्तव में, इसके पहले कि तुम्हारे हाथ पुनः जीवंत हो सकें, उन्हें पीड़ा से गुजरना पड़ेगा। यदि वह क्रोध मुक्त नहीं किया गया तो वह क्रोध रास्ते में अवरोध खड़े करेगा और प्रेम वहां नहीं बचेगा।

केवल तुम्हारे हाथ ही नहीं बल्कि तुम्हारा सारा शरीर इस तरह रुक गया है। तुम किसी को सीने से लगाओ, तुम किसी को अपनी छाती के निकट ले आओ, लेकिन उससे तुमने किसी को अपने हृदय के पास ले लिया है ऐसा नहीं होता। ये दोनों बातें, दो अलग चीजें हैं। तुम किसी को गले लगा सकते हो, यह एक शारीरिक घटना हुई, लेकिन यदि तुम्हारे हृदय के चारों ओर कवच है, भावों की रुकावट है तो आदमी इतना ही दूर रहेगा जितना कि वह दूर था और कोई निकटता संभव नहीं है, लेकिन वास्तव में यदि तुम किसी को निकट ले आओ, यदि कवच नहीं हो, तुम्हारे और उसके बीच कोई दीवार नहीं हो तो फिर तुम्हारा हृदय दूसरे के हृदय में पिघल जाएगा और एक मिलन होगा, एक मैत्री होगी।

तुम्हारे शरीर को बहुत जहरों से मुक्त करना है। तुम विषाक्त हो चुके हो और तुम्हें महसूस होगा क्योंकि ये सारे जहर जड़ें जमा चुके हैं। अब मैं फिर से अराजकता पैदा कर रहा हूं। यह ध्यान तुम्हारे भीतर पुनः अराजकता को पैदा करेगा ताकि तुम्हें पुनर्गठित किया जा सके, ताकि एक नई रचना संभव हो सके। जैसे तुम हो, तुम्हें तो नष्ट करना है, केवल तभी नया जन्म हो सकता है। जैसे तुम हो, तुम पूरी तरह गलत हो गए हो। तुम्हें तो नष्ट करना होगा, तभी कुछ नया निर्मित किया जा सकता है। उसमें पीड़ा होगी, वेदना होगी, लेकिन यह वेदना सहने योग्य है।

अतः ध्यान जारी रखो और शरीर में पीड़ा होती है तो उसको होने दो। शरीर को रोको मत, शरीर को वेदना से गुजरने दो। यह पीड़ा तुम्हारे अतीत से आती है, लेकिन यह चली जाएगी, यदि तुम इसको जाने दोगे और यह चली जाएगी तो पहली बार तुम्हारे पास शरीर होगा, अभी तो सिर्फ तुम्हारे पास एक कारागृह है, एक बंद कैप्सूल है। तुम चारों ओर खोल में बंद हो, तुम्हारे पास एक स्फूर्ति भरा, जीवंत शरीर नहीं है। पशुओं के पास भी तुमसे ज्यादा सुंदर, ज्यादा जीवंत शरीर होता है।

हमने हमारे शरीर के साथ बहुत हिंसा की है। इसलिए जब मैं इस अराजकतापूर्ण ध्यान में तुम्हारे शरीर को पुनः जीवंत होने को बाध्य कर रहा हूं तो बहुत-सी बाधाएं टूटेंगी, बहुत थिर हो गई चीजें पिघलेंगी, बहुत जम गई

पद्धतियां तरल हो जाएंगी। पीड़ा होगी, लेकिन उसका स्वागत करो। यह शुभ है, और तुम उसके पार हो जाओगे, यह एक आशीष है। जारी रखो, यह सोचने की जरूरत ही नहीं कि क्या करें? तुम सिर्फ ध्यान को सतत जारी रखो। मैंने सैकड़ों लोगों को इस प्रक्रिया से गुजरते देखा है और थोड़े दिनों में पीड़ा चली जाती है और जब पीड़ा चली जाती है तो तुम्हारे चारों ओर एक सूक्ष्म आनंद होता है।

वह आएगा, लेकिन तुम्हें इस वेदना से गुजरना होगा, इस दर्द से गुजरना होगा। यह तुम्हारी नियति का एक हिस्सा है, क्योंकि तुमने ही इसका सृजन किया है, लेकिन यह चला जाता है। यदि तुम बीच में रोको नहीं तो वह चला जाता है।

यदि तुम बीच में ही रुक गए तो पुराना जमाव फिर आ जाएगा और चार-पांच दिन में ही तुम्हें सब कुछ ठीक वैसा ही लगेगा, जैसे कि पहले तुम थे। उसे ठीक लगने के प्रति सावधान रहो।

-ओशो

केनोपनिषद

जो हो उसे पूरा होने देना है

जब दांव पर लगाकर आपके भीतर कुछ होना शुरू हो जाएगा तो आपको पूरी तरह अपने को छोड़ देना है-जस्ट फ्लोटिंग, अब जहां ले जाए ये धारा, हम जाने को राजी हैं। एक सीमा तक हमें पुकारना पड़ता है और जब शक्ति जागती है तो फिर हमें अपने को छोड़ देना पड़ता है। बड़े हाथों ने हमें संभाल लिया, अब हमें चिंता की जरूरत नहीं, अब हमें बह जाना पड़ेगा।

यह जो शक्ति का उठना होगा, इसके साथ बहुत कुछ घटनाएं घट जाएंगी तो घबराइएगा नहीं, क्योंकि नए अनुभव घबराने वाले होते हैं। बच्चा जब मां के पेट से जन्मता है तो बहुत घबरा जाता है। मनोवैज्ञानिक तो कहते हैं कि यह ट्रॉमेटिक एक्सपीरियंस (सदमे का अनुभव) है, उससे फिर कभी मुक्ति नहीं हो पाती। नए की घबराहट बच्चे में मां के पेट से जन्म के साथ ही शुरू हो जाती है, क्योंकि मां के पेट में वह बिल्कुल सुरक्षित दुनिया में था। नौ महीने-न कोई चिंता, न कोई फिक्र, न श्वास लेना, न खाना-खाना, न रोना, न गाना, न दुनिया, न कुछ-एकदम विश्राम में था। मां के पेट से बाहर

निकलकर एकदम नई दुनिया आती है। पहला धक्का जीवन का और घबराहट वहीं से पकड़ जाती है।

सारे लोग नई चीज से डरे रहते हैं, पुराने को पकड़ने का मन रहता है, नए से डरे रहते हैं। वह हमारे बचपन का पहला अनुभव है कि नए ने बड़ी मुश्किल में डाल दिया, वह अच्छा था मां का पेट। इसलिए हमने बहुत से इंतजाम ऐसे किए हैं जो असल में मां के पेट जैसे ही हैं–हमारी गद्दियां, हमारे सोफे, हमारी कारें, हमारे कमरे, वे सब हमने मां के गर्भ की शक्ल में ढाले हैं। उतने ही आरामदायक बनाने की कोशिश करते हैं, लेकिन वह बन ही नहीं पाता।

मां के पेट से जो पहला अनुभव होता है वह है नए की घबराहट का। उससे भी बड़ा अनुभव है यह, क्योंकि मां के पेट से सिर्फ शरीर के लिए नया अनुभव होता है, यहां तो आत्मा के तल पर नया अनुभव होगा। इसलिए वह बिल्कुल ही नया जन्म है। इसलिए इस तरह के लोगों को हम ब्राह्मण कहते थे। ब्राह्मण उसे कहते थे, जिसका दूसरा जन्म हो गया–ट्वाइस बॉर्न। इसलिए उसे 'द्विज' कहते थे...दुबारा जन्म हो गया।

तो जब वह शक्ति पूरी तरह उठेगी तो एक दूसरा ही जन्म होगा। उस जन्म में आप दोनों हैं–मां भी है और बेटा भी है, आप अकेले ही दोनों हैं। इसलिए प्रसव की पीड़ा भी होगी...और नए की, असुरक्षित की अनुभूति भी होगी। इसलिए बहुत घबरानेवाला, डरानेवाला अनुभव हो सकता है। माँ को जैसे प्रसव की पीड़ा होती है, उतनी पीड़ा आपको भी होगी, क्योंकि यहां मां और बेटे दोनों ही आप हैं। यहां कोई दूसरी मां नहीं है और यहां कोई दूसरा बेटा नहीं है। आपका ही जन्म हो रहा है और आपसे ही हो रहा है। इसलिए प्रसव की बहुत तीव्र वेदना भी हो सकती है।

अब मुझे कितने ही लोगों ने आकर कहा कि कोई दहाड़ मारकर रोता है, चिल्लाता है, आप रोकते क्यों नहीं? रोएगा, चिल्लाएगा, उसे रोने दो, चिल्लाने दो। उसके भीतर जो हो रहा है, वह वही जानता है। अब एक मां रो रही है, उसका बच्चा पैदा हो रहा है और जिस स्त्री को कभी बच्चा पैदा न हुआ हो, वह जाकर उससे कहे, क्यों फिजूल परेशान होती हो? क्यों रोती हो? क्यों चिल्लाती हो? बच्चा हो रहा है तो होने दो, रोने की क्या जरूरत है? ठीक है, जिसको बच्चा नहीं हुआ, वह कह सकती है, बिल्कुल कह सकती है। पुरुषों को कभी पता नहीं चल सकता कि कैसे...जन्म में क्या तकलीफ स्त्री को

झेलनी पड़ती होगी। सोच भी नहीं सकते, कोई उपाय भी नहीं है कि कैसे उसको पकड़ें, कैसे उसको सोचें कि क्या होता होगा।

लेकिन, ध्यान में तो स्त्री और पुरुष सब बराबर हैं। सब मां बन जाते हैं एक अर्थ में, क्योंकि नए का उनके भीतर जन्म होगा तो पीड़ा को भी रोकने की जरूरत नहीं है, रोने को रोकने की जरूरत नहीं है, कोई गिर पड़े, लोटने लगे और चिल्लाने लगे तो रोकने की जरूरत नहीं है। जो जिसका हो रहा है उसे पूरा होने देना है, बह जाना है, उसे रोकना नहीं है।

-ओशो

जिन खोजो तिन पाईया

पूरी ऊर्जा लगाएं

कल सुबह जब हम वहां मिलेंगे और कल इस ऊर्जा को जगाने की दिशा में चलेंगे तो मैं आपसे आशा रखूं कि आप अपने भीतर कुछ नहीं छोड़ रखेंगे, जो आपने दांव पर न लगा दिया हो। यह कोई छोटा जुआ नहीं है। यहां जो लगाएगा पूरा, वही पा सकेगा। इंच भर भी बचाया तो चूक सकते हो। क्योंकि ऐसा नहीं हो सकता कि बीज कहे कि थोड़ा-सा मैं बच जाऊं और बाकी वृक्ष हो जाएं। बीज मरेगा तो पूरा मरेगा और बचेगा तो पूरा बचेगा। पार्शियल डेथ जैसी कोई चीज नहीं होती, आंशिक मृत्यु नहीं होती तो आपने अगर अपने को थोड़ा भी बचाया तो मेहनत व्यर्थ हो जाएगी, पूरा ही छोड़ देना। कई बार, थोड़े से बचाव से सब खो जाता है।

मैंने सुना है कि कोलरेडो में जब सबसे पहली दफा सोने की खादानें मिलीं, तो सारा अमरीका दौड़ पड़ा कोलरेडो की तरफ। खबरें आईं कि जरा-सा खेत खरीद लो और सोना मिल जाएगा। लोगों ने जमीनें खरीद डालीं। एक करोड़पति ने अपनी सारी संपत्ति लगाकर एक पूरी पहाड़ी ही खरीद ली, बड़े यंत्र लगाए। छोटे-छोटे लोग छोटे-छोटे खेतों में सोना खोज रहे थे। जिसने पहाड़ी खरीदी थी, बड़े यंत्र लाया था, बड़ी खुदाई की - बड़ी खुदाई की, लेकिन सोने का कोई पता नहीं चला। फिर घबराहट फैलनी शुरू हो गई। सारा दांव पर लगा दिया था। फिर वह बहुत घबरा गया। उसने घर के लोगों से कहा कि हम मर गए, सारी संपत्ति दांव पर लगा दी है और सोने की कोई खबर नहीं है। फिर इसने इश्तहार निकाला कि मैं पूरी पहाड़ी बेचना चाहता हूँ-मय यंत्रों के, खुदाई का सारा सामान साथ होगा। घर के लोगों

ने कहा, कौन खरीदेगा? सबमें खबर हो गई कि यह पहाड़ बिल्कुल खाली है, अब कौन पागल होगा? लेकिन उस आदमी ने कहा कि कोई-न-कोई हो भी सकता है।

एक खरीदार मिल गया। बेचने वाले को बेचते वक्त भी मन में हुआ कि उससे कह दे कि पागलपन मत करो, क्योंकि मैं मर गया हूँ, लेकिन हिम्मत नहीं जुटा पाया कहने की, क्योंकि अगर वह चूक जाए, न खरीदे तो फिर क्या होगा? बेच दिया, बेचने के बाद कहा कि आप भी अजीब पागल मालूम होते हैं, हम बरबाद होकर बेच रहे हैं, पर उस आदमी ने कहा, जिंदगी का कोई भरोसा नहीं...जहां तक तुमने खोदा है वहां तक सोना न हो, लेकिन आगे हो सकता है और जहां तुमने खोदा है वहां नहीं होगा, यह तो तुम भी नहीं कह सकते। उसने कहा, यह तो मैं भी नहीं कह सकता और आश्चर्य की बात है, कभी-कभी ऐसे आश्चर्य भी घटते हैं। पहले दिन ही, सिर्फ एक फीट की गहराई पर सोने की खदान शुरू हो गई। वह आदमी जिसने पहले खरीदी थी पहाड़ी, छाती पीटकर पहले भी रोता रहा और बाद में और भी ज्यादा छाती पीटकर रोया, क्योंकि पूरे पहाड़ पर सोना-ही-सोना था। वह उस आदमी से मिलने भी गया...और उसने कहा, "देखा भाग्य!" उस आदमी ने कहा, "भाग्य नहीं, तुमने दांव पूरा नहीं लगाया, तुम पूरा खोदने से पहले ही लौट गए, एक फीट और खोद लेते।"

हमारी जिंदगी में ऐसा रोज होता है। न मालूम कितने लोग हैं जिन्हें मैं जानता हूं कि जो खोदते हैं परमात्मा को, लेकिन पूरा नहीं खोदते, अधूरा खोदते हैं, ऊपर-ऊपर खोदते हैं और लौट जाते हैं, कई बार तो इंच भर पहले से लौट जाते हैं-बस इंच भर का फासला रह जाता है और वे वापस लौटने लगते हैं और कई बार तो मुझे साफ दिखाई पड़ता है कि यह आदमी वापस लौट चला, यह तो अब करीब पहुंचा था, अभी बात घट जाती। यह तो वापस लौट पड़ा।

तो अपने भीतर, एक बात ख्याल में ले लें कि आप कुछ भी बचाकर न रखें, अपना पूरा लगा दें और परमात्मा को खरीदने चले हो तो हमारे पास लगाने को ज्यादा है भी क्या। उसमें भी कंजूसी कर जाते हैं, कंजूसी नहीं चलेगी। कम-से-कम परमात्मा के दरवाजे कंजूसों के लिए कोई जगह नहीं। वहां पूरा ही लगाना पड़ेगा।

नहीं, ऐसा नहीं है बहुत कुछ है हमारे पास लगाने को, यह सवाल नहीं है कि क्या है। सवाल यह है कि पूरा लगाया या नहीं, क्योंकि पूरा लगाते ही हम

उस बिंदु पर पहुंच जाते हैं जहां ऊर्जा का निवास है और जहां से ऊर्जा उठनी शुरू होती है। असल में क्यों पूरे का जोर है? जब हम अपनी पूरी ताकत लगा देते हैं, तभी उस ताकत को उठने की जरूरत पड़ती है, जो रिजर्वायर (ऊर्जाकुंड) है, तब तक उसकी जरूरत नहीं पड़ती जब तक हमारे पास ताकत बची रहती है तब तक उससे ही काम चलता है। तो जो रिजर्व फोर्सेज (सुरक्षित ऊर्जाएं) हैं हमारे भीतर, उनकी जरूरत तब पड़ती है जब हमारे पास कोई ताकत नहीं होती। जब हम पूरी ताकत लगा देते हैं तब वह केन्द्र सक्रिय होता है। अब वहां से शक्ति लेने की जरूरत आ जाती, अन्यथा नहीं पड़ती जरूरत।

–ओशो

जिन खोजा तिन पाईया

'कुछ वर्षों तक रेचक विधियों पर कार्य करने के बाद, मैं अनुभव करता हूँ कि एक गहन आंतरिक सुव्यवस्था, संतुलन और केंद्रण मुझ में घट रहा है।'

अब झंझट मत खड़ा कर लेना, इसे होने देना। अब वही मन अपनी टांग अड़ा रहा है। मन कहता है, 'ऐसा कैसे घट सकता है? पहले मेरा अराजकता से गुजरना जरूरी है।' यह विचार अराजकता निर्मित कर सकता है। यही मेरे देखने में आता रहा है : लोग ललकते रहते हैं शांति के लिए और जब वह घटने लगती है तो वे विश्वास नहीं कर सकते उस पर। यह इतना अच्छा होता है कि इस पर विश्वास ही नहीं होता। खास करके वे लोग जिन्होंने सदा निंदा की होती है अपनी। वे विश्वास नहीं कर सकते कि उन्हें वह सब घटित हो रहा है 'असंभव' ऐसा घटा होगा बुद्ध को या कि जीसस को, लेकिन मुझको? नहीं, यह तो संभव नहीं है। वे शांति द्वारा, मौन द्वारा, वैसा घटने द्वारा अशांत होकर मेरे पास चले आते हैं। 'यह सच है या कि मैं कल्पना कर रहा हूँ इसकी' क्यों चिंता करनी? यदि यह कल्पना भी है तो क्रोध के बारे में कल्पना करने से यह बेहतर है या कामवासना के बारे में कल्पना करने से तो बेहतर है।

शांति की कल्पना नहीं की जा सकती और मैं कहता हूं तुमसे, कोई कल्पना नहीं कर सकता शांति की, कल्पना को जरूरत रहती है किसी रूपाकार की, मौन के पास कोई आकार नहीं होता। कल्पना का अर्थ होता है बिम्ब में सोचना, और मौन का कोई प्रतिबिम्ब नहीं होता। तुम कल्पना नहीं कर सकते संबोधि की, सतोरी की, समाधि की, मौन की। नहीं, कल्पना को चाहिए

कोई आधार, कोई आकार और मौन होता है आकारविहीन, अनिवर्चनीय। किसी ने कभी नहीं बनाया इसका कोई चित्र, कोई नहीं बना सकता। किसी ने नहीं गढ़ी इसकी कोई मूरत, कोई नहीं कर सकता ऐसा।

तुम मौन की कल्पना नहीं कर सकते। मन चालाकियां चल रहा है। मन तो कहेगा, 'यह जरूर कल्पना की होगी। ऐसा संभव कैसे हो सकता है तुम्हारे लिए? तुम्हारे जैसा इतना मूढ़ व्यक्ति और मौन घट रहा है तुमको? जरूर यही होगा कि तुम कल्पना कर रहे हो।' या 'इस आदमी ओशो ने सम्मोहित कर दिया है तुम्हें। कहीं कुछ तुम्हें धोखा हो रहा होगा।' ऐसी समस्याएं मत खड़ी कर लेना। ऐसे ही जीवन में काफी समस्याएं हैं। जब मौन घट रहा हो तो उसमें आनंदित होना, उसका उत्सव मनाना। इसका अर्थ हुआ कि अराजक शक्तियां बाहर निकाली जा चुकी हैं। मन अपना अंतिम खेल, खेल रहा है। वह बिल्कुल अंत तक खेलता है सर्वथा, पूर्णतया अंत तक वह खेलता ही जाता है, अंतिम घड़ी में जब संबोधि घटने को होती है, तब भी मन अंतिम चालाकी चलता है। यह अंतिम लड़ाई होती है।

चिंता मत करना कि यह वास्तविक है या अवास्तविक है या इसके बाद अराजकता आएगी या नहीं। इस ढंग से सोचकर अराजकता को तुम ले ही आए हो। यह तुम्हारा विचार होता है जो कि निर्मित कर सकता है अराजकता और जब वह निर्मित हो जाती है, तो मन कहेगा 'अब सोच लो, मैंने तो ऐसा पहले ही कह दिया था तुमसे।'

मन बहुत स्वतः आपूरक होता है। पहले यह तुम्हें दे देता है बीज और जब वह प्रस्फुटित होता है तो मन कहता है, 'देख लिया, मैंने तो तुमसे पहले ही कह दिया था कि तुम्हें धोखा हुआ है।' अराजकता पहुंच चुकी और यह विचार द्वारा लाई गई है। तो इस बारे में क्यों चिंता करनी कि भविष्य में अभी अराजकता आने को है या नहीं? कि वह गुजर गई है या नहीं? बिल्कुल इस घड़ी तुम मौन हो, क्यों उत्सव नहीं मनाते इस बात पर? और मैं कहता हूँ तुमसे, यदि तुम उत्सव मनाते हो तो वह बढ़ता है।

चेतना के जगत में उत्सव सहायक : चेतना के इस संसार में और कुछ इतना सहायक नहीं है जितना कि उत्सव, उत्सव पौधों को पानी देने जैसी बात है। चिंता ठीक विपरीत है उत्सव के, यह जड़ों को काट देने जैसी बात है। प्रसन्नता अनुभव करो, मौन के साथ नृत्य करो, इस क्षण वह मौजूद है-पर्याप्त है। मांग क्यों करनी ज्यादा की? कल अपनी फिक्र अपने आप कर लेगा। यह

क्षण ही काफी है, इसे क्यों नहीं जी लेते। क्यों नहीं इसका उत्सव मनाते, इसे बांटते, इससे आनंदित होते। इसे बनने दो सृजनात्मक, तुम्हारे मौन को होने दो सृजनात्मक, कुछ-न-कुछ करो इसका।

लाखों चीजें संभव होती हैं क्योंकि मौन से ज्यादा सृजनात्मक तो कुछ और नहीं होता। कोई जरूरत नहीं बहुत बड़ा चित्रकार बनने की, पिकासो की भांति संसार प्रसिद्ध होने की। कोई जरूरत नहीं हेनरी मूर बनने की, कोई जरूरत नहीं महान कवि बनने की, महान बनने की वे महत्त्वाकांक्षाएं मन की होती हैं, मौन की नहीं।

अपने ढंग से चित्र बनाना, चाहे कितना ही मामूली हो। तुम्हारे अपने ढंग से हाइकू रचना, चाहे वह कितना ही साधारण हो। कितना ही सामान्य हो-तुम्हारे अपने ढंग से गीत गाना, थोड़ा नृत्य करना, उत्सव मनाना। तुम पाओगे कि अगला ही क्षण ले आता है ज्यादा मौन, तुम जान जाओगे कि जितना ज्यादा तुम उत्सव मनाते हो, उतना ज्यादा तुम्हें दिया जाता है। जितना ज्यादा तुम बांटते हो, उतने ज्यादा तुम ग्रहण करने में सक्षम हो जाते हो। हर क्षण वह बढ़ता है, बढ़ता ही चला जाता है।

इसी क्षण से अगला क्षण निकलेगा और अगला क्षण सदा से ही इस क्षण से उत्पन्न होता है, तो फिक्र क्यों करनी उसकी। यदि यह वर्तमान क्षण शांतिपूर्ण है तो अगला क्षण कैसे अराजक हो सकता है? कहां से आएगा वह? उसे इसी क्षण से ही उत्पन्न होना होता है।

यदि मैं प्रसन्न हूँ इस क्षण तो मैं अप्रसन्न हो सकता हूँ अगले क्षण में।

यदि तुम चाहते हो कि अगला क्षण अप्रसन्नता वाला हो, तो तुम्हें इसी क्षण अप्रसन्न होना होगा, क्योंकि अप्रसन्नता में से उत्पन्न होती है अप्रसन्नता। जो कुछ तुम प्राप्त करना चाहते हो अगले क्षण में, तुम्हें उसे बोना होगा बिल्कुल अभी। एक बार चिंता को आने दिया जाता है और तुम सोचने लगते हो कि अराजकता आएगी, तो वह आएगी ही। तुम उसे ले ही आए हो। अब तुम्हें उसे पास रखना ही होगा, वह आ ही पहुंचती है। अगली घड़ी की प्रतीक्षा करने की कोई जरूरत नहीं, वह पहले से वहां है ही।

इसे जरा ख्याल में ले लेना और यह सचमुच ही कुछ अजीब बात है, जब तुम उदास होते हो तो तुम कभी नहीं सोचते कि यह बात काल्पनिक हो सकती है। कभी मैंने ऐसा आदमी नहीं देखा जो कि उदास हो और कहता हो मुझसे

कि शायद यह बात काल्पनिक ही है। उदासी संपूर्णतया वास्तविक होती है, लेकिन प्रसन्नता? – तुरंत कुछ गलत हो जाता है और तुम सोचने लगते हो, 'शायद यह बात काल्पनिक ही है।' जब कभी तुम तनावपूर्ण होते हो तो तुम कभी नहीं सोचते कि यह काल्पनिक बात है। यदि तुम सोच सकते हो कि तुम्हारा तनाव और पीड़ा काल्पनिक है तो वह तिरोहित हो जाएगी और यदि तुम सोचते हो कि तुम्हारी शांति और प्रसन्नता काल्पनिक है तो वे तिरोहित हो जाएंगी।

तुम्हारे संसार के निर्माता तुम्हीं हो। जो कुछ वास्तविकता के रूप में धारण किया जाता है, वह वास्तविक हो जाता है। जो कुछ अवास्तविकता के रूप में धारण किया जाता है, वह हो जाता है अवास्तविक। तुम्हीं हो निर्माता तुम्हारे चारों ओर के सारे संसार के, इस बात को ख्याल में ले लेना। प्रसन्नता की, आनंद की घड़ी को पा लेना बहुत दुर्लभ होता है। इसे मत गंवा देना सोचने-विचारने में ही, लेकिन यदि तुम कुछ नहीं करते-यदि तुम नृत्य नहीं करते; यदि तुम गीत नहीं गाते; यदि तुम बांटते नहीं; तो वैसी संभावना होती है। वही ऊर्जा जो सृजनात्मक हो सकती है, वह सृजन कर देगी चिंता का। वह भीतर नए तनाव बनाना शुरू कर देगी।

ऊर्जा को होना है सृजनात्मक। यदि तुम उसका उपयोग प्रसन्नता के लिए करते तो वही ऊर्जा प्रयुक्त हो जाएगी प्रसन्नता के लिए और अप्रसन्नता के लिए तुम्हारे पास इतने गहरे रूप से बद्धमूल हुई आदतें हैं कि उसके लिए ऊर्जा-प्रवाह बहुत मुक्त और स्वाभाविक होता है। प्रसन्नता लाने के लिए वह एक श्रमसाध्य कार्य होता है।

तो पहले कुछ दिन तुम्हें निरंतर रूप से जागरुक रहना होगा। जब कभी कोई प्रसन्नता की घड़ी आए तो होने दो उसकी पकड़ तुम पर, करने दो तुम्हें वशीभूत। इतनी समग्रता से उसका आनंद मनाओ कि अगली घड़ी कुछ अलग तरह की न हो सके। कहां से होगी वह अलग? कहां से आएगी वह?

तुम्हारा समय निर्मित होता है तुम्हारे भीतर। तुम्हारा समय मेरा समय नहीं है। उतने ही समानांतर समय अस्तित्व रखते हैं जितने कि मन होते हैं। कोई एक समय नहीं है। यदि एक समय होता तो कठिनाई हो गई होती। तब सारी दुखी मानव-जाति के बीच, कोई बुद्ध नहीं हो सकता था क्योंकि हम संबोधित होते एक ही समय से। नहीं, वह एक ही नहीं होता है। मेरा समय

आता है मुझसे-वह मेरा सृजन है। यदि वह क्षण सुन्दर है तो अगला क्षण जन्मता है ज्यादा सुन्दर-यह है मेरा समय। यदि यह क्षण उदास होता है तुम्हारे लिए तो और ज्यादा उदास क्षण जन्मता है तुममें से-यह है तुम्हारा समय।

-ओशो

द साइंस ऑफ द सोल

दमित भावनाओं का रेचन और मनो-शारीरिक सौंदर्य

हर कोई अपने पेट में बहुत कुछ दबाए हुए है, क्योंकि केवल वही जगह शरीर में जहां कि तुम बातों को दबा सकते हो और तो कोई जगह नहीं है। यदि तुम किसी बात को दबाना चाहते हो तो उसे पेट में ही दबाना पड़ता है।

यदि तुम पेट में दबा लेते हो...और प्रत्येक व्यक्ति ने दबाई हैं बहुत तरह की भावनाएं-प्रेम की, कामवासना की, क्रोध की, उदासी की, रोने की, हंसने की भी। तुम हंस भी नहीं सकते खुलकर। वह असभ्यता मालूम पड़ती है, अभद्रता मालूम पड़ती है तो तुम सुसंस्कृत नहीं हो सकते, तुम्हें उथली श्वास लेनी पड़ती है। क्योंकि यदि तुम गहरी श्वास लेते हो तो दमन से हुए घाव फिर उभरेंगे। तुम भयभीत हो। हर कोई भयभीत है पेट में उतरने से।

जब पेट में बहुत ज्यादा दमन इकट्ठा हो जाता है तो शरीर दो भागों में बंट जाता है-निम्न और उच्च। तब तुम अखंड नहीं रहते, तुम दो हो जाते हो। निम्न भाग निंदित हिस्सा होता है। एकत्व खो जाता है, द्वैत आ जाता है तुम्हारे अस्तित्व में। अब तुम सुंदर नहीं हो सकते, तुम प्रसादपूर्ण नहीं हो सकते। तुम एक की जगह दो शरीर लिए रहते हो और उन दोनों के बीच सदा एक दूरी रहेगी। तुम सुंदर ढंग से चल नहीं सकते, तुम्हें घसीटना पड़ता है अपनी टांगों को। असल में यदि शरीर एक होता है तो तुम्हारी टांगें तुम्हें लेकर चलती हैं। यदि शरीर दो भागों में बंटा हुआ है तो तुम्हें घसीटना पड़ता है अपनी टांगों को। तुम्हें ढोना पड़ता है अपने शरीर को। वह बोझ जैसा लगता है। तुम आनंदित नहीं हो सकते उससे। तुम टहलने का आनंद नहीं ले सकते; तुम तैरने का आनंद नहीं ले सकते; तुम तेज दौड़ने का आनंद नहीं ले सकते क्योंकि शरीर एक नहीं है। इन सभी गतियों के लिए और उनसे आनंदित होने के लिए, शरीर को फिर से अखंड करने की जरूरत है। एक अखंडता फिर से निर्मित करनी जरूरी है : पेट को पूरी तरह से शुद्ध करना होगा।

पेट की शुद्धि के लिए बहुत गहरी श्वास चाहिए, क्योंकि जब तुम गहरी श्वास भीतर लेते हो और गहरी श्वास बाहर छोड़ते हो तो पेट उन सबको बाहर फेंक देता है जो वह ढो रहा होता है। श्वास बाहर फेंकने में पेट स्वयं को निर्मुक्त करता है। इसलिए प्राणायाम का, गहरी श्वास का इतना महत्त्व है।

जब पेट दमित भावनाओं से मुक्त हो जाता है तो यदि तुम्हें कब्ज रहती है तो अचानक गायब हो जाएगी। जब तुम भावनाओं को दबा लेते हो पेट में, तो कब्जियत रहेगी, क्योंकि पेट कठोर हो जाता है। गहरे में तुम रोक रहे हो पेट को, तुम उसे स्वतंत्र रूप से गति नहीं करने देते। इसलिए यदि भावनाओं का दमन किया गया है, तो कब्ज होगी ही। कब्ज एक मानसिक रोग ज्यादा है शारीरिक रोग की अपेक्षा। वह शरीर की अपेक्षा मन से ज्यादा संबंधित है।

लेकिन ध्यान रहे, मैं मन और शरीर को दो में नहीं बांट रहा हूं। वे एक ही घटना के दो पहलू हैं। मन और शरीर दो चीजें नहीं हैं। असल में 'मन और शरीर' कहना ठीक नहीं, इसे 'मनोशरीर' कहना ज्यादा ठीक होगा। तुम्हारा शरीर एक साइकोसोमैटिक घटना है। मन शरीर का सूक्ष्म भाग है और शरीर मन का स्थूल भाग है और वे दोनों एक-दूसरे को प्रभावित करते हैं, वे साथ-साथ चलते हैं। यदि तुम मन में कुछ दबा रहे हो तो शरीर में ग्रंथियां बननी शुरू हो जाएंगी। यदि मन निर्भार हो जाता है तो शरीर भी हल्का हो जाता है। इसलिए मेरा रेचन पर इतना जोर है। रेचन एक शुद्धिकारक प्रक्रिया है।

स्क्रीम थेरेपी

मनोवैज्ञानिक कहते हैं कि बच्चे के रोने की जो कला है, वह उसके तनाव से मुक्त होने की व्यवस्था है और बच्चे पर बहुत तनाव है। बच्चे को भूख लगी है और मां दूर है या मां काम में उलझी है। बच्चे को भी क्रोध आता है और अगर बच्चा रो ले तो उसका क्रोध बह जाता है और हल्का हो जाता है, लेकिन मां उसे रोने नहीं देगी।

मनसविद् कहते हैं कि उसे रोने देना, उसे प्रेम देना, लेकिन उसके रोने को रोकने की कोशिश मत करना। हम क्या करेंगे? बच्चे को खिलौना पकड़ा देंगे कि मत रोओ। बच्चे का मन डाईवर्ट हो जाएगा। वह खिलौना पकड़ लेगा, लेकिन रोने की जो प्रक्रिया भीतर चल रही थी, वह रुक गई और जो आंसू बहने चाहिए थे, वे अटक गए और जो हृदय हल्का हो जाता बोझ से, वह

हल्का नहीं हो पाया। वह खिलौने से खेल लेगा, लेकिन यह जो रोना रुक गया, इसका क्या होगा? यह विष इकट्ठा हो रहा है।

मनसविद् कहते हैं कि बच्चा इतना विष इकट्ठा कर लेता है, वही उसकी जिंदगी में दुःख का कारण है और वह उदास रहेगा। आप इतने उदास दिख रहे हैं, आपको पता नहीं कि हो सकता था यह उदासी न होती, अगर आप हृदयपूर्वक जीवन में रोए होते तो ये आंसू आपकी पूरी जिंदगी पर न छाते, ये निकल गए होते और सब तरह का रोना थैराप्यूटिक है। हृदय हल्का हो जाता है। रोने में सिर्फ आंसू ही नहीं बहते, भीतर का शोक, भीतर का क्रोध, भीतर का हर्ष, भीतर के मनोवेग भी आंसुओं के सहारे बाहर निकल जाते हैं और भीतर कुछ इकट्ठा नहीं होता है।

स्क्रीम थैरेपी के लोग कहते हैं कि जब भी कोई आदमी मानसिक रूप से बीमार हो तो उसे इतने गहरे में रोने की आवश्यकता है कि उसका रोआं-रोआं, उसके हृदय का कण-कण, श्वास, धड़कन-धड़कन रोने में सम्मिलित हो जाए। एक ऐसे चीत्कार की जरूरत है, जो उसके पूरे प्राणों से निकले, जिसमें वह चीत्कार ही बन जाए।

हजारों मानसिक रोगी ठीक हुए हैं चीत्कार से और चीत्कार भी उनके न मालूम कितने रोगों से उन्हें मुक्त कर जाती है, लेकिन उस चीत्कार को पैदा करवाना बड़ा कठिन बात है। क्योंकि आप इतना दबाए हैं कि आप अगर रोते भी हैं तो रोना भी आपका झूठा होता है। उसमें आपके पूरे प्राण सम्मिलित नहीं होते। आपका रोना भी बनावटी होता है, ऊपर-ऊपर रो लेते हैं। आंख से ही आंसू बह जाते हैं, हृदय से नहीं आते, लेकिन चीत्कार ऐसी चाहिए जो आपकी नाभि से उठे और आपका पूरा शरीर उसमें समाविष्ट हो जाए। आप भूल ही जाएं कि आप चीत्कार से अलग हैं, आप एक चीत्कार हो जाएं।

तो कोई तीन महीने लगते हैं मनोवैज्ञानिकों को, आपको रुलाना सिखाने के लिए। तीन महीने निरंतर प्रयोग करके आपको गहरा लिया जाता है।

करते क्या हैं इस थैरेपी वाले लोग? आपको छाती के बल लिटा देते हैं जमीन पर और आपसे कहते हैं कि जमीन पर लेटे रहें और जो भी दुःख मन में आता हो, उसे रोकें मत, उसे निकालें। रोने का मन हो - रोएं, चिल्लाने का मन हो - चिल्लाएं।

तीन महीने एक ऐसा बच्चे की भांति आदमी लेटा रहता है जमीन पर रोज

घंटे, दो घंटे। एक दिन अर्थात् किसी दिन वह घड़ी आ जाती है कि उसके हाथ-पैर कांपने लगते हैं विद्युत के प्रवाह से। वह आदमी आंख बंद कर लेता है, वह आदमी जैसे होश में नहीं रह जाता और भयंकर चीत्कार उठनी शुरू होती है। कभी-कभी घंटों वह चीत्कार चलती है। आदमी बिल्कुल पागल मालूम पड़ता है, लेकिन उस चीत्कार के बाद उसकी जो-जो मानसिक तकलीफें थीं, वे सब तिरोहित हो जाती हैं।

यह जो ध्यान का प्रयोग मैं आपसे कह रहा हूँ, ये आपके जब तक मनोवेग-रोने के, हंसने के, नाचने के, चिल्लाने के, चीखने के, पागल होने के-इनका निरसन न हो जाए, तब तक आप ध्यान में जा नहीं सकते। यही तो बाधाएं हैं।

आप शांत होने की कोशिश कर रहे हैं और आपके भीतर वेग भरे हुए हैं, जो बाहर निकलना चाहते हैं। आपकी हालत ऐसी है, जैसी केतली चढ़ी है चाय की, ढक्कन बंद है। ढक्कन पर पत्थर रखे हैं केतली का मुंह भी बंद किया हुआ है और नीचे से आग भी जल रही है। वह जो भाप इकट्ठी हो रही है, वह फोड़ देगी केतली को, विस्फोट होगा। दस-पांच लोगों की हत्या भी हो सकती है।

इस भाप को निकल जाने दें। इस भाप के निकलते ही आप नए हो जाएंगे और तब ध्यान की तरफ प्रयोग शुरू हो सकता है।

जर्मनी के प्रसिद्ध साईकिएट्रिक सैनिटेरियम में सक्रिय ध्यान और कुंडलिनी ध्यान।

जर्मनी के डॉक्टर जोआकिम ग्लूस्का मानसिक रोगियों के लिए एक मनोरोग-निदानशाला चलाते हैं। हाइलिगिनफेल्ट नामक इस सैनिटेरियम में प्रारंभ से ही ओशो ध्यान विधियां उपचार पद्धति का एक आवश्यक हिस्सा हैं। सक्रिय ध्यान के बारे में उनका कहना है कि मेरी दृष्टि में सक्रिय ध्यान एक सर्वाधिक शक्तिशाली विधि है। यह अवचेतन मन के बहुत भागों को अनावृत करती है।

उनका अनुभव है कि सक्रिय ध्यान सामान्य व्यक्तियों के लिए एक श्रेष्ठ उपचार की विधि है। ऐसे लोगों को इसका प्रयोग करना चाहिए-तभी वे जान पाएंगे कि यह उनके लिए क्या कर सकती है।

डॉ. ग्लूस्का असामान्य विक्षिप्त रोगियों को कुंडलिनी ध्यान की सलाह देते हैं। उनका कहना है कि "ओशो की ध्यान विधियों की यह विशेषता है कि देह की ऊर्जा को संघटित करती हैं और कुंडलिनी ध्यान इसे बहुत कोमल और लयबद्ध ढंग से होने देता है।"

सक्रिय ध्यान से मनोदैहिक रोगों का उपचार

डॉक्टर रैना फॉल्क, जो कि एक मनोचिकित्सक और तंत्रिका विशेषज्ञ है, हर माह अपने रोगियों को 21 दिवसीय सक्रिय ध्यान करवाती है। वह बताती है "मेरे पास जो रोगी आते हैं उन्हें दो वर्गों में बांटा जा सकता है। कुछ लोग माइग्रेन, उदर रोग, हृदय से पीठ के दर्द इत्यादि मनोदैहिक रोगों से पीड़ित होते हैं। ये ऐसे रोगी हैं जिनको लेकर डॉ. असहाय अनुभव करते हैं और दूसरे वे जो डिप्रेशन या अव्यक्त आक्रमण से पीड़ित हैं। दोनों तरह के रोगियों के लिए सक्रिय ध्यान अत्यंत लाभकारी सिद्ध हुआ है। फॉल्क किसी शोध के नजरिए से अपने रोगियों को सक्रिय ध्यान नहीं करवाती, वह स्वयं इसे करना पसंद करती है।

उनके पिछले 21 दिवसीय प्रयोग में एक ऐसा व्यक्ति था जिसे कंधे और बाजू में इतना दर्द था कि उसे हर रोज इंजेक्शन लगाना पड़ता था। तभी वह अपनी बाजू हिला सकता था। एक सुबह सक्रिय ध्यान के बाद उसने पाया कि वह उसे हर तरह से हिला सकता है।

एक और व्यक्ति जो डिप्रेशन (अवसाद) का मरीज था। एक सप्ताह सक्रिय ध्यान करने के बाद एक पूरी रात अपनी पत्नी के साथ नृत्य करता रहा।

वह आनंदित था। फॉल्क कहती है, "लेकिन अब वह थोड़ा हैरान है कि यह जो इतनी नई ऊर्जा जगी है, यह उसके जीवन को कैसे प्रभावित करेगी।"

सभ्यता और कैथार्सिस

अगर हम एक-एक बच्चे को शिक्षा के साथ इस कैथार्सिस को भी सिखा सकें तो दुनिया में पागलों की संख्या एकदम गिराई जा सकती है। पागल होने की बात ही खत्म की जा सकती है, लेकिन वह रोज बढ़ती जा रही है और जितनी सभ्यता बढ़ेगी, उतनी बढ़ेगी क्योंकि सभ्यता उतना ही सिखाएगी-रोको। सभ्यता न तो जोर से हंसने देती, न जोर से रोने देती, न नाचने देती, न चिल्लाने देती, सभ्यता सब तरफ से दबा डालती है और तुम्हारे भीतर जो-जो होना चाहिए वह रुकता जाता है, रुकता जाता है-फिर फूटता है और जब वह फूटता है, तब तुम्हारे बस के बाहर हो जाता है।

तो कैथार्सिस (रेचन) सक्रिय ध्यान का पहला हिस्सा है, जिसमें इसको निकालना है।

-ओशो

जिन खोज तिन पाईया

पागलपन का निकास

पुराना साधक अनेक बार पागल होता देखा गया है, उसमें उन्माद आता था। जिस प्रक्रिया को मैं कह रहा हूं इसको अगर पागल भी करेगा तो महीने-दो-महीने के भीतर पागलपन के बाहर हो जाएगा। साधारण आदमी इस प्रक्रिया में कभी भी पागल नहीं हो सकता, क्योंकि हम पागलपन को दबाने की कोशिश ही नहीं कर रहे हैं, हम उसको निकालने की कोशिश कर रहे हैं। पुरानी साधना ने हजारों लोगों को पागल किया है। हम उसको नाम अच्छे देते थे-कभी कहते थे उन्माद, कभी हर्षोन्माद, कभी एक्सटेसी-हम नाम कुछ भी देते थे, हम कहते थे- आदमी मस्त हो गया, औलिया हो गया, यह हो गया, वह हो गया, लेकिन वह हो जाता था पागल, उसने किसी चीज को इतनी बुरी तरह से दबाया कि वह अब उसके बस के बाहर हो गई।

इस प्रक्रिया में दोहरा काम है। इसमें पहला काम कैथार्सिस का है-इसमें पहला काम निकास का है, तुम्हारे भीतर जो दबा हुआ कचरा है, वह बाहर फिंक जाए, पहले तुम हल्के हो जाओ...तुम इतने हल्के हो जाओ कि तुम्हारे भीतर पागलपन की सारी संभावनाएं क्षीण हो जाएं, फिर तुम भीतर यात्रा करो।

-ओशो

जिन खोजा तिन पाईया

डिप्रेशन तथा डायनैमिक मेडीटेशन

इससे अधिक और क्या उचित व नैतिक हो सकता है क्योंकि डिप्रेशन की बीमारी से पीड़ित होने का मात्र इतना ही अर्थ है कि उस व्यक्ति ने भीतर बहुत दबाया है। डिप्रेशन और कुछ नहीं बल्कि दमन है। वह इतना निराश ही इसलिए है क्योंकि उसे स्वयं को अभिव्यक्त करने की अनुमति नहीं दी गई। सक्रिय ध्यान अभिव्यक्ति है। अभिव्यक्ति करने से, उस समय का रेचन करने से जो अवचेतन में दबा दिया गया है, वह व्यक्ति पर निर्भर हो जाएगा अधिक संतुलित हो जाएगा, अधिक स्वस्थ हो जाएगा।

हमने इसको दमित बना दिया है, सब तरह की बातों को भीतर धकेलकर। वे भीतर-भीतर खौल रही हैं। उन सबको जो हमारे समाज में पले-बढ़े हुए हैं, कोई विधि चाहिए ताकि वे क्रोध, काम, लोभ, ईर्ष्या, स्पर्धा का वमन कर सकें। तुम ज्वालामुखी पर बैठे हो...और यह ज्वालामुखी कभी भी फट सकता है। यदि रेचन करने का अवसर दिया जाए और सक्रिय ध्यान का पूरा जोर इसी

बात पर है तो यह ज्वालामुखी विसर्जित हो जाएगा। तुम और अधिक स्वस्थचित हो जाओगे।

जब बच्चा नाराज होता है तो हम कहते हैं, 'क्रोध मत करो' और वह क्रोध को दबाने लगता है। धीरे-धीरे वह क्षणिक घटना स्थायी आदत बन जाती है। अब वह क्रोधी आचरण नहीं करेगा, लेकिन भीतर क्रोधित रहेगा। छोटी-छोटी बातों को दबाकर हमने इतना क्रोध इकट्ठा कर लिया है। क्रोध तो क्षणिक लहर है, आई और गई। उसे प्रकट कर दो तो तुम्हें क्रोधित रहने की कोई जरूरत नहीं है। मैं तो बच्चे से कहूंगा कि ज्यादा ईमानदारी से क्रोध कर, उसमें गहरे उतर, उसे दबा मत।

तुमने क्रोध, काम, हिंसा, लोभ, सब कुछ इकट्ठा कर लिया है। अब वह संचय तुम्हारे भीतर विक्षिप्तता बन गया है। तुम कोई भी दमनात्मक ध्यान शुरू करोगे तो इस कचरे को और दबाओगे, इसे फेंकोगे नहीं। इसलिए मैं रेचन से शुरुआत करता हूं। पहले अपने दमन को हवा में निष्कासित करोगे तभी प्रौढ़ होओगे।

तो मेरे ध्यान में रेचन अति आवश्यक है। सारा कचरा आकाश में फेंक दो। तुम्हें जिस व्यक्ति के प्रति क्रोध आ रहा है उसके बिना क्रोध को प्रकट करो, अकारण रोओ, अकारण हंसो, बिना किसी बहाने के। फिर तुम सारा एकत्रित किया हुआ बाहर फेंक सकते हो और एक बार तुम्हें रास्ता पता चल गया तो तुम समूचे अतीत के बोझ से मुक्त हो सकते हो।

कुछ ही क्षणों में तुम पूरे जन्म के, बल्कि जन्मों के बोझ को उतार फेंक सकते हो। अगर तुम अपने पागलपन को प्रकट होने देते हो तो भीतर से धुल जाओगे। तुम तरोताजा, निष्कलुष हो जाओगे जैसे फिर से बच्चे हो गए। अब इस स्वच्छ निर्दोष स्थिति में बैठकर ध्यान किया जा सकता है। अब भीतर कोई पागल बैठा हुआ नहीं है जो तुम्हारे ध्यान को बिगाड़ दे।

सफाई सर्वप्रथम होनी चाहिए। अन्यथा प्राणायाम, योगासन, योगमुद्रा इन सबके द्वारा तुम पागलपन को ही दबाते चले जाओगे और मजे की बात यह है कि जब तुम सारा कचरा बाहर फेंक दोगे तब बैठना अपने आप घटित हो जाएगा, आसन लग जाएंगे, यह अपने आप होगा।

-ओशो

स्वामी राजा भारती (बम्बई) ने अपने अनुभवों में बताया कि सितम्बर 1971 में एक दिन सक्रिय ध्यान किया तो दूसरे दिन प्रातः पेडू में काफी दर्द

था तथा दर्द किडनी के नीचे खिसकने लगा। पेशाब नली में जोर की पीड़ा और सुई चुभने जैसा दर्द हुआ।

काफी जोर लगाने पर दर्द के बाद पेशाब हुआ, साथ ही मटर के बराबर पथरी बाहर आई और छोटे-छोटे टुकड़े भी। दर्द समाप्त हो चुका था। काफी मात्रा में पानी पीता रहा जो कुछ अन्य कण बचे थे, वे भी निकल गए।

ओशो को बताने पर ओशो ने कहा, "तूने ध्यान समग्रता, पूरी ऊर्जा व अटूट श्रद्धा से किया इसलिए असम्भव सम्भव बन गया। गहराई से श्वास का प्रयोग और रेचन की प्रक्रिया द्वारा अंदर के सभी रुके मनोवेग ही नहीं शरीर के अवरोध भी निकल गए। इसमें चमत्कार कहां?"

सक्रिय ध्यान से मोटापा, तनाव व क्रोध मुक्ति

मोटापा : सक्रिय ध्यान का पहला चरण जिसमें तेज व अराजक गहरी श्वास छोड़ते व लेते हैं वह हमारे शरीर की चर्बी (फैट) को पिघलाने में मदद करती है। काफी मित्र जो नियमित रूप से सक्रिय ध्यान करते हैं उन्होंने बिना किसी दवाई व परहेज के अपने मोटापे को कम किया है तथा ध्यान से खान-पान की आदतें व नींद व्यवस्थित होती है।

तनाव : तनाव आता है पुराने विकारों से, अशुभ ऊर्जा से, नेगेटिविटी से। यानि क्रोध, लोभ, मोह, अहंकार, राग, द्वेष, ईर्ष्या इत्यादि से। दूसरे चरण में हम हमारे विकारों को विसर्जित करते हैं। यदि तुम प्रतिदिन ध्यान नियमित रूप से करते रहते हैं तो नए विकारों के प्रवेश के प्रति सजग होते जाते हैं।

जैसे प्रतिदिन घर में झाड़ू लगाएं तो गंदगी नहीं रहती वैसे ही भीतर के विकारों को जब बाहर निकालते रहते हैं तो मन हल्का होना शुरू होता है, तनाव नहीं आता।

मोटापे का दूसरा कारण है हम पेट को स्टोर बना लेते हैं जिसमें हमारे भाव, क्रोध इत्यादि विकार जिन्हें हम प्रगट नहीं कर पाते, वे पेट में चले जाते हैं तथा मोटे होते जाते हैं और भी कारण हो सकते हैं। जब रेचन द्वारा विकारों को बाहर निकालते चले जाएंगे तो पेट खाली हो जाएगा तो विकारों के विसर्जन तथा चर्बी के पिघलने से मोटापा कम होने लगेगा।

क्रोध : तीसरे चरण में 'हू' द्वारा काम केन्द्र से काम वासना रूपी ऊर्जा मुक्त हो नाभि केन्द्र की ओर जाना शुरू होती है। काम वासना जो सभी विकारों (क्रोध, लोभ, मोह, अहंकार इत्यादि) का मूल कारण है, को काम केन्द्र से मुक्त करना प्रारम्भ करते हैं तो काम वासना के साथ-साथ इन विकारों के प्रति समझ बढ़ती है। समझ बढ़ने के साथ इनके प्रति होश सधता है तथा तब ये

विकार हमें तंग नहीं कर पाते, जैसा कि अब हम कसमों के बावजूद भी क्रोध इत्यादि करते रहते हैं।

ओशो ने सक्रिय ध्यान विकसित कर मनुष्य जाति को वरदान दिया है। चेतना के विकास के साथ-साथ विकारों से मोटापा व तनाव मुक्त हो, आनंदित जीवन जी सकते हैं और सक्रिय ध्यान के रहस्यों से आपको परिचित कराने का प्रयास किया है। ध्यान ठीक ढंग से करना आ जाए तो तीव्र परिणामकारी है। समूह में करना सीखें, समूह उपलब्ध नहीं है तो पहला चरण 2-3 मिनट तक करें, फिर 3-4 मिनट तक हाथ पैर हिलाते रहें फिर 3-5 मिनट शान्त खड़े हो जाएं। यह प्रयोग सीढ़ी का काम करेगा। जैसे ही सम्भव हो ध्यान शिविर या आश्रम में समूह में रहकर ध्यान सीखें। संकल्प प्रगाढ़ होगा तो शीघ्र ही ठीक ढंग से ध्यान करना भी आ जाएगा, यान्त्रिक न हो, इसके लिए सावधान रहें। जो मित्र दूसरे या तीसरे चरण में बाहर आवाज नहीं कर सकते जब आप अकेले घर पर कर रहे हैं, आस-पास का वातावरण ऐसा है तो दूसरे चरण में शरीर को छूट दें तथा तीसरे चरण में अंदर-ही-अंदर हू की चोट करें।

शुभकामनाओं सहित।

-स्वामी आनंद सत्यार्थी

प्रत्येक ध्यान के बाद जब तुम उत्सव मनाते हो तो करुणा का अनुभव करो। बस यह महसूस करो कि तुम्हारी ऊर्जा से लोगों को सहायता मिले, चाहे उनकी कोई भी आवश्यकता हो। इसको बहने दो। तुम निर्भार हो जाओगे और बहुत निश्चिंत महसूस करोगे, तुम्हें बहुत शांति मिलेगी और जिन तरंगों को तुम छोड़ोगे उनसे बहुत लोगों को मदद मिलेगी। सदैव अपने ध्यान को करुणा के साथ समाप्त करो और करुणा बेशर्त होती है। करुणा केवल उन्हीं लोगों के लिए नहीं हो सकती जो तुम्हारे मित्र हैं, केवल उन्हीं के लिए नहीं जो तुम्हारे संबंधी हैं।

-ओशो

'ध्यान के कमल' पुस्तक में ओशो कहते हैं, "ध्यान में जो भी साधक प्रवेश कर रहे हैं, उन सभी के लिए सूचना उपयोगी है कि उन्हें कुछ भी हो, कोई भी अनुभव हो, उस अनुभव को अहंकार का भोजन मत बनने देना, उससे अपने को विशिष्ट मानने का कारण नहीं है। जैसे ही मैंने माना कि मैं कुछ विशिष्ट हो गया-क्योंकि मुझे प्रकाश दिखाई पड़ा, क्योंकि मुझे ऊर्जा ऊपर की ओर जाती हुई मालूम पड़ी, क्योंकि मैंने प्रभु की सन्निधि अनुभव की-जैसे ही

हमने माना कि मुझे कुछ हो गया है जो विशेष है, तो अहंकार को भोजन हमने देना शुरू कर दिया और जिस क्षण कोई भी उपलब्धि अहंकार से जुड़ जाती है, उसी क्षण उपलब्धि की आगे की यात्रा अवरुद्ध हो जाती है और जब कोई चीज अवरुद्ध होती है तो आप उसी जगह रुके नहीं रह सकते, बहुत जल्दी आप वापस नीचे गिर जाएंगे।

ओशो - एक परिचय

बुद्धपुरुषों की अमृत धारा में ओशो एक नया प्रारंभ है। वे अतीत की किसी भी धार्मिक परंपरा या शृंखला की कड़ी नहीं हैं। ओशो से एक नए युग का शुभारंभ होता है और उनके साथ ही समय दो सुस्पष्ट खंडों में विभाजित होता है : ओशो-पूर्व तथा ओशो-पश्चात।

ओशो के आगमन से एक नए मनुष्य का, एक नए जगत का, एक नए युग का सूत्रपात हुआ है। जिसकी आधारशिला अतीत के किसी धर्म में नहीं है, किसी दार्शनिक विचार-पद्धति में नहीं है। ओशो सद्यःस्नात धार्मिकता के प्रथम पुरुष हैं, सर्वथा अनूठे संबुद्ध रहस्यदर्शी हैं।

ओशो एक नवोन्मेष हैं नए मनुष्य के, नई मनुष्यता के। ओशो का यह नया मनुष्य 'जोरबा दि बुद्धा' एक ऐसा मनुष्य है जो जोरबा की भांति भौतिक जीवन का पूरा आनंद मनाना जानता है और जो गौतम बुद्ध की भांति मौन होकर ध्यान में उतरने में भी सक्षम है-ऐसा मनुष्य है जो भौतिक और आध्यात्मिक दोनों तरह से समृद्ध है। 'जोरबा दि बुद्धा' एक समग्र व अविभाजित मनुष्य है। ओशो का यह नया मनुष्य भविष्य की एकमात्र आशा है, इसके बिना पृथ्वी का कोई भविष्य शेष नहीं है।

अपने प्रवचनों के द्वारा ओशो ने मानव-चेतना के विकास के हर पहलू को उजागर किया। बुद्ध, महावीर, कृष्ण, शिव, शांडिल्य, नारद, जीसस के साथ-ही-साथ अध्यात्म-आकाश के अनेक नक्षत्रों आदिशंकराचार्य, गोरख, कबीर, नानक, मलूकदास, रैदास, दरियादास, मीरा आदि पर उनके हजारों प्रवचन उपलब्ध हैं।

जीवन का एक ऐसा कोई भी आयाम नहीं है जो उनके प्रवचनों से अस्पर्शित रहा हो। योग, तंत्र, ताओ, झेन, हसीद, सूफी जैसी विभिन्न साधना-परंपराओं के गूढ़ रहस्यों पर उन्होंने सविस्तार प्रकाश डाला है। साथ ही राजनीति, कला, विज्ञान, मनोविज्ञान, दर्शन, शिक्षा, परिवार, समाज, गरीबी, जनसंख्या-विस्फोट, पर्यावरण तथा संभावित परमाणु युद्ध के व उससे भी

बढ़कर एड्स महामारी के विश्व-संकट जैसे अनेक विषयों पर भी उनकी क्रांतिकारी जीवन-दृष्टि उपलब्ध है।

शिष्यों और साधकों के बीच दिए गए उनके ये प्रवचन छह सौ पचास से भी अधिक पुस्तकों में प्रकाशित हो चुके हैं और तीस से अधिक भाषाओं में अनुवादित हो चुके हैं। वे कहते हैं, "मेरा संदेश कोई सिद्धांत, कोई चिंतन नहीं है। मेरा संदेश तो रूपांतरण की एक कीमिया, एक विज्ञान है।"

ओशो का जन्म मध्य प्रदेश के कुचवाड़ा में 11 दिसम्बर 1931 में हुआ, 21 मार्च 1953 को उनके जीवन में परम संबोधि का विस्फोट हुआ, वे बुद्धत्व को उपलब्ध हुए और 19 जनवरी 1990 को, ओशो कम्यून इंटरनेशनल में देह-त्याग हुआ।

ओशो की समाधि पर स्वर्ण अक्षरों में अंकित है

OSHO
Never Born
Never Died
Only Visited this
Planet Earth between
Dec-11-1931 — Jan-19-1990

ध्यान और सृजन का यह अनूठा नव-संन्यास उपवन, ओशो कम्यून, ओशो की विदेह-उपस्थिति में भी आज पूरी दुनिया के लिए एक ऐसा प्रबल चुंबकीय आकर्षण-केंद्र बना हुआ है कि यहां निरंतर नए-नए लोग आत्म-रूपांतरण के लिए आ रहे हैं तथा ओशो की सघन-जीवंत उपस्थिति में अवगाहन कर रहे हैं।

एक निमंत्रण

ओशो के प्रवचनों को पढ़ना, उन्हें सुनना अपने आप में एक आनंद है। इनके द्वारा आप अपने जीवन में एक अपूर्व क्रांति की पदचाप सुन सकते हैं, लेकिन यह केवल प्रारंभ है, शुभ आरंभ है। इन प्रवचनों को पढ़ते हुए आपने महसूस किया होगा कि ओशो का मूल संदेश है "ध्यान। ध्यान की भूमि पर ही प्रेम के, आनंद के, उत्सव के फूल खिलते हैं। ध्यान आमूल क्रांति है।"

निश्चित ही आप भी चाहेंगे कि आपके जीवन में ऐसी आमूल क्रांति हो, आप भी एक ऐसी आबोहवा को उपलब्ध करें, जहां आप अपने आप से परिचित हो सकें, आत्म-अनुभूति की दिशा में कुछ कदम उठा सकें, कोई ऐसा स्थान जहां और भी कुछ लोग इस दिशा में गतिमान हों।

ओशो ने एक ऐसी ही ध्यानमय, उत्सवमय आबोहवा वाला ऊर्जा-क्षेत्र निर्मित किया है पूना में : ओशो कम्यून इंटरनेशनल। यहां ओशो की उपस्थिति में हजारों लोगों ने ध्यान की गहराइयों को छुआ है। सतत् ध्यान के द्वारा यह स्थान ध्यान की एक ऐसी सघन ऊर्जा से आविष्ट हो गया है कि ओशो के देह-त्याग के बाद, आज भी आप उनकी ऊर्जा से स्पंदित इस बुद्धक्षेत्र में ओशो की उपस्थिति की अनुभूति कर सकते हैं तथा रूपांतरित हो सकते हैं।

ध्यान के लिए स्थान का अपना महत्त्व है। इसलिए अतीत में तीर्थ, मंदिर, मस्जिद व आश्रम बनाए जाते रहे हैं। यानि एक ऐसा स्थान जहां केवल पूजा, प्रार्थना व ध्यान ही होता हो, ऐसे स्थान की आबोहवा अलग होती है। भारत में पूना के अतिरिक्त और भी अनेक ध्यान केन्द्र है जहां सुबह से सांझ तक ओशो रचित ध्यान प्रयोग, विशेष ध्यान में होते हैं।

अधिक जानकारी के लिए oshoworld.com log on करें। ओशो कहते हैं "पूरी दुनिया में मेरे सभी छोटे कम्यून, आश्रम व ध्यान केन्द्र छोटे बुद्ध क्षेत्र बनेंगे। हमें पूरी पृथ्वी को बुद्ध क्षेत्र से भर देना है। हमें बुद्ध क्षेत्रों की शृंखला का सर्जन करना है।"

इसमें आपका स्वागत है।

ओशो का हिन्दी साहित्य

उपनिषद

सर्वसार उपनिषद
कैवल्य उपनिषद
अध्यात्म उपनिषद
कठोपनिषद
ईशावास्य उपनिषद
निर्वाण उपनिषद
आत्म-पूजा उपनिषद
केनोपनिषद
मेरा स्वर्णिम भारत
(विविध उपनिषद-सूत्र)

कृष्ण

गीता-दर्शन
(आठ भागों में अठारह अध्याय)

कृष्ण-स्मृति

कबीर

सुनो भई साधो

कहे कबीर दीवाना

कहे कबीर मैं पूरा पाया

न कानों सुना न आंखों देखा

(कबीर व फरीद)

बुद्ध

एस धम्मो सनंतनो

(बारह भागों में)

अष्टावक्र

अष्टावक्र महागीता

(छह भागों में)

महावीर

महावीर-वाणी (दो भागों में)

जिन-सूत्र (दो भागों में)

महावीर या महाविनाश

महावीर : मेरी दृष्टि में

ज्यों की त्यों धरि दीन्हीं चदरिया

लाओत्से

ताओ उपनिषद

(छह भागों में)

अन्य रहस्यदर्शी

अथातो भक्ति जिज्ञासा

(शांडिल्य)

भक्ति-सूत्र (नारद)

शिव-सूत्र (शिव)

भजगोविन्दम् मूढ़मते

(आदिशंकराचार्य)

एक ओंकार सतनाम (नानक)

जगत तरैया भोर की (दयाबाई)

बिन घन परत फुहार (सहजोबाई)
पद घुंघरू बांध (मीरा)
नहीं सांझ नहीं भोर (चरणदास)
संतो, मगन भया मन मेरा (रज्जब)
कहै वाजिद पुकार (वाजिद)
मरौ हे जोगी मरौ (गोरख)
सहज-योग (सरहपा-तिलोपा)
बिरहिनी मंदिर दियना बार (यारी)
प्रेम-रंग-रस ओढ़ चदरिया (दूलन)
दरिया कहे सब्द निरबाना
(दरियादास बिहारवाले)
हंसा तो मोती चुगे (लाल)
गुरु-परताप साध की संगति (भीखा)
मन ही पूजा मन ही धूप (रैदास)
झरत दसहुं दिस मोती (गुलाल)
नाम सुमिर मन बावरे (जगजीवन)
अरी, मैं तो नाम के रंग छकी (जगजीवन)
कानों सुनी सो झूठ सब (दरिया)
अमी झरत बिगसत कंवल (दरिया)
हरि बोलौ हरि बोल (सुंदरदास)
ज्योति से ज्योति जले (सुंदरदास)
जस पनिहार धरे सिर गागर (धरमदास)
का सोवै दिन रैन (धरमदास)
सबै सयाने एक मत (दादू)
पिव पिव लागी प्यास (दादू)
अजहुं चेत गंवार (पलटू)
सपना यह संसार (पलटू)
काहे होत अधीर (पलटू)
कन थोरे कांकर घने (मलूकदास)
रामदुवारे जो मरे (मलूकदास)
जरथुस्त्र : नाचता-गाता मसीहा (जरथुस्त्र)

प्रश्नोत्तर

नहिं राम बिन ठांव
प्रेम बिन ऐसो कठिन
उत्सव आमार जाति, आनंद आमार गौत्र
मृत्योर्मा अमृतं गमय
प्रीतम छवि नैनन बसी
रहिमन धागा प्रेम का
उड़ियो पंख पसार
सुमिरन मेरा हरि करे
पिय को खोजन मैं चली
साहेब मिल साहेब भये
जो बोलैं तो हरिकथा
बहुरि न ऐसा दांव
ज्युं का त्यूं ठहराया
ज्युं मछली बिन नीर
दीपक बारा नाम का
अनहद में बिसराय
लगन महुरत झूठ सब
सहज आसिकी नाहिं
पीवत रामरस लगी खुमारी
रामनाम जान्यो नहीं
सांच सांच सो सांच
आपुई गई हिराय
बहुतेरे हैं घाट
कोपलें फिर फूट आईं
फिर पत्तों की पाजेब बजी
फिर अमृत की बूंद पड़ी
क्या सोवै तू बावरी
चल हंसा उस देस
कहा कहूं उस देस की
पंथ प्रेम को अटपटो

माटी कहै कुम्हार सूं
मैं धार्मिकता सिखाता हूं, धर्म नहीं

तंत्र

संभोग से समाधि की ओर
तंत्र-सूत्र (पांच भागों में)
योग : नए आयाम
झेन, सूफी और उपनिषद की कहानियां
बिन बाती बिन तेल
सहज समाधि भली
दीया तले अंधेरा

बोध-कथा

मिट्टी के दीये

विचार-पत्र

क्रांति-बीज
पथ के प्रदीप

पत्र-संकलन

अंतर्वीणा
प्रेम की झील में अनुग्रह के फूल
ढाई आखर प्रेम का
पद घुंघरू बांध
प्रेम के फूल
प्रेम के स्वर
पाथेय

साधना-शिविर

साधना-पथ
मैं मृत्यु सिखाता हूं
जिन खोजा तिन पाइयां
समाधि के सप्त द्वार (ब्लावट्स्की)
साधना-सूत्र (मेबिल कॉलिन्स)
ध्यान-सूत्र
जीवन ही है प्रभु

असंभव क्रांति
रोम-रोम रस पीजिए

ध्यान, साधना

ध्यानयोग : प्रथम और अंतिम मुक्ति
नेति-नेति
चेति सकै तो चेति
हसिबा, खेलिबा, धरिबा ध्यानम्
समाधि कमल
साक्षी की साधना
धर्म साधना के सूत्र
मैं कौन हूं
समाधि के द्वार पर
अपने माहिं टटोल
ध्यान दर्शन
तृषा गई एक बूंद से
ध्यान के कमल
जीवन संगीत
जो घर बारे आपना
प्रेम दर्शन

राष्ट्रीय और सामाजिक समस्याएं

देख कबीरा रोया
स्वर्ण पाखी था जो कभी और अब है भिखारी जगत का
शिक्षा में क्रांति
नए समाज की खोज
नए भारत की खोज
नए भारत का जन्म
नारी और क्रांति
शिक्षा और धर्म
भारत का भविष्य

अंतरंग वार्ताएं

संबोधि के क्षण

विविध

नानक दुखिया सब संसार
नए मनुष्य का धर्म
धर्म की यात्रा
स्वयं की सत्ता
सुख और शांति
अनंत की पुकार

ओशो के ऑडियो-वीडियो प्रवचन एवं साहित्य के संबंध में समस्त जानकारी हेतु संपर्क करें :

साधना फाउंडेशन
17, कोरेगांव पार्क, पुणे-411001, महाराष्ट्र
फोन : 020-66019981

ओशो जगत में प्रकाशित पत्रिकाएं :

	नाम	**आवृत्ति**	**सम्पर्क सूत्र**
1.	यस ओशो	मासिक	पूना 020-26134504 26058906 E-mail : yesosho.info@gmail.com
2.	ओशो वर्ल्ड	मासिक	नई दिल्ली 011-26862898 26964533 E-mail : contact@oshoworld.com
3.	ओशो दर्शन	त्रैमासिक	नई दिल्ली 9868560981 9250352039 E-mail : kelurgesh@yahoo.com

लेखक परिचय

स्वामी आनंद सत्यार्थी (प्रोफेसर सतपाल परूथी, PhD, रेकी ग्रांडमास्टर) जून 1974 में, पूना आश्रम में आयोजित प्रथम ध्यान शिविर (10 दिन) में ओशो द्वारा संन्यास में दीक्षित।

फरवरी 1971 से जनवरी 1998 तक हरियाणा कृषि विश्वविद्यालय, हिसार में कार्यरत। 1977 से सम्पूर्ण भारतवर्ष में विभिन्न ध्यान केन्द्रों द्वारा आयोजित ध्यान शिविरों का संचालन कर रहे हैं तथा विभिन्न संस्थाओं द्वारा आयोजित विचार गोष्ठी में ओशो देशना पर मुख्य वक्ता के रूप में आमन्त्रित।

1984 व 1985 में रजनीश पुरम (अमेररिका) में आयोजित वार्षिक समारोह में भाग लिया। रेकी ग्रांड मास्टर के प्रशिक्षण के बाद प्रेरित होकर ओशो प्रवचनों पर आधारित "ध्यान ऊर्जा द्वारा स्पर्श चिकित्सा" ग्रुप विकसित किया।

लेखक द्वारा प्रकाशित पुस्तकें :

ध्यान ऊर्जा द्वारा स्पर्श चिकित्सा, तनाव मुक्त कैसे जियें
सरल ध्यान विधियां, सक्रिय ध्यान के रहस्य, ओशो कहानी संग्रह
Meditation (Orange Book), Drugs to Meditation,
Tense for Life] तनाव मुक्त जीवन (पंजाबी)

सम्पर्क :

स्वामी आनंद सत्यार्थी द्वारा प्रस्तुत ओशो देशना का सार सूत्र :

1. ध्यान ऊर्जा द्वारा स्पर्श चिकित्सा
2. सक्रिय ध्यान के रहस्य
3. जीवन जीने की कला
4. सरल ध्यान विधियाँ
5. ओशो कहानी संग्रह
6. तनाव मुक्त कैसे जीए (हिन्दी, पंजाबी, English)

प्राप्ति स्थान: Leading Book Stores, सभी ओशो ध्यान केन्द्र

दिल्ली : 011-41611861, चडीगढ़ : 09872000114,
मुम्बई: 8291186255, 09819012780 कुरुक्षेत्र: 09253447536
ऋषिकेश : 8859417316, रुड़की : 9837378070
website: www.oshoraman.com, E-mail: swamianand.satyarthi@gmail.com